Thom Hogan

FORTH
ganz einfach

Aus dem Programm Mikrocomputer

Einführung in BASIC
von W. Schneider

Datenstrukturen in Pascal und BASIC
von D. Herrmann

Programmierprinzipien in BASIC und Pascal
von D. Herrmann

BASIC für Fortgeschrittene
von W. Schneider

Assembler-Programmierung von Mikroprozessoren (8080, 8085, Z 80) mit dem ZX 81
von P. Kahlig

Assembler-Programmierung von Mikroprozessoren (8080, 8085, Z 80) mit dem ZX Spectrum
von P. Kahlig

Spaß mit Algorithmen
von J. Weilharter

Anwenderprogramme zum ZX-81 und ZX Spectrum
herausgegeben von H. Schumny

Vieweg

Thom Hogan

FORTH – ganz einfach

Übersetzt von
Karl-Heinz Büchner

Friedr. Vieweg & Sohn Braunschweig / Wiesbaden

Dieses Buch ist die deutsche Übersetzung von Thom Hogan
Discover FORTH
Learning and Programming the FORTH-Language

Übersetzung: Dr. Karl-Heinz Büchner, Würzburg

1985

Softcover reprint of the hardcover 1st edition 1985

Umschlaggestaltung: Ludwig Markgraf, Wiesbaden

ISBN-13: 978-3-528-04292-9 e-ISBN-13: 978-3-322-84391-3

DOI: 10.1007/978-3-322-84391-3

Vorwort des Übersetzers

Das Buch ist in seinem Stil von einer stark umgangssprachlich gehaltenen persönlichen Anrede des Autors an den Leser geprägt. Dem konnte bei der Übersetzung nicht Rechnung getragen werden, da viele sprachliche Nuancen und Wortspiele einfach nicht von einer Sprache in die andere zu übersetzen sind. So habe ich versucht, das Wesen des Buches zu erfassen, und die bildhaften Erklärungen des Autors so umzusetzen, daß das Verständnis der Zusammenhänge nicht auf der Strecke blieb. Auch wenn sich so die Form der Präsentation gegenüber der Originalvorlage mehr oder weniger stark verändert hat, blieb der faktische Inhalt jedoch weitgehend identisch. Abgesehen von den Versuchen, die teilweise symbolhafte Nomenklatur von FORTH umzudefinieren, um bei der Definition neuer Befehle zu "sprechbarem" Englisch zu gelangen – was bei einer deutschen Übersetzung reichlich sinnlos erscheint –, wurden die angesprochenen Problemkreise in etwa der vorgegebenen Reihenfolge abgehandelt. Ich hoffe sehr, daß es mir gelungen ist, dem Leser etwas von der Faszination zu vermitteln, die FORTH auf den Autor wie mich gleichermaßen ausübt.

Karl-Heinz Büchner, Würzburg 1985

Vorwort des Autors

Nach der Fertigstellung meines ersten Buches, dem "Osborne CP/M™ User Guide", wollte ich eigentlich erst eines der beiden anderen Buchprojekte beenden, die ich begonnen hatte. Statt dessen nahm ich eine Stelle bei 'Info World' an, wo ich Dick Milewski traf. Wenn es stimmt, daß jeder Mensch einen Doppelgänger hat, dann gilt das auch in geistiger Hinsicht. Mein geistiger Doppelgänger ist Dick.

Nach wenigen Wochen schon ahnte ich, daß mich seine Begeisterung für die Computersprache FORTH anstecken würde. Ich hörte zu, wenn er die Vorzüge von FORTH pries und war dabei, wenn er kleine Wunder (er nannte sie 'Worte') auf dem North Star Computer in meinem Büro programmierte. Ich war fasziniert.

Bald durchsuchte ich sämtliche erreichbaren Buchhandlungen, um ein Buch über FORTH für Anfänger zu finden. Es gab keines. Ungefähr um diese Zeit bekam ich die vorläufige Fassung von Dicks 'The Software Works FORTH', sowie die Ausgabe des 'Byte'-Special über FORTH in die Hände. Dann meinte Dick, die beste Methode FORTH zu lernen, sei ein Buch darüber zu schreiben.

Das nun ist der Versuch, alles, was ich über FORTH gelernt habe, in eine klare gegliederte Einführung für Anfänger zusammenzufassen. Einiges ist stark gestrafft aus Programmierhandbüchern, Veröffentlichungen der FORTH Interest Group und wenigen kommentierten Programmen entnommen, die mir von ernsthaften FORTH-Programmierern überlassen wurden. Vieles habe ich durch die Anwendung von FORTH in einem größeren Softwareprojekt gelernt. So erhebt dieses Buch keinesfalls den Anspruch auf Vollständigkeit; es gibt sicher Vor- und Nachteile, die unerwähnt blieben.

Und noch ein letzter Punkt. Ich bin weder ein besonderer Freund der existierenden FORTH-Syntax, noch glaube ich, daß FORTH seine endgültige Form bereits gefunden hat. Letztendlich bestimmt der Benutzer selbst, wie sein spezielles FORTH aussieht. Ich habe versucht, mich an die Syntax zu halten, wie sie von FORTH-79 und FIG-FORTH verwendet werden, weise jedoch auf logische Erweiterungen hin, soweit sie existieren. Abweichungen vom FORTH-79 Standard werde ich ebenfalls kenntlich machen.

FORTH-Programme sind mitunter sehr schwer zu lesen – besonders wenn man auf die Kommentarmöglichkeiten verzichtet, die FORTH bietet. Ich hoffe, daß meine Vorschläge helfen werden, diese Probleme zu meistern.

T. H. Palo Alto, 1981

N. S. Alle FORTH-Befehle erscheinen im Buch halbfett.

Inhaltsverzeichnis

1
Was ist FORTH?

Wer sich mit dieser relativ neuen Computersprache erstmals beschäftigt, wird schnell feststellen, daß sie ganz anders ist als BASIC, FORTRAN, ALGOL oder Pascal. Am nächsten ist die Verwandtschaft wohl noch zu LISP, und es hängt von den Eigenschaften ab, auf die man seine Aufmerksamkeit konzentriert, ob man FORTH nun als Betriebssystem oder als Sprache ansieht, als Interpreter oder als Compiler. Was dieses „Gebilde" FORTH so faszinierend macht, ist die Einfachheit im Aufbau und die Universalität in der Anwendung. FORTH benutzt ähnlich wie LISP das Prinzip der Stapelverarbeitung. Hier werden Informationen auf dem Stapel abgelegt und heruntergenommen. Allerdings arbeitet FORTH mit zwei Stapeln; auf dem einen werden Daten und auf dem anderen Befehle verarbeitet. Stapel arbeiten nach dem LIFO-Prinzip (Last In – First Out). Deshalb werden in FORTH sämtliche Zahlenoperationen in der umgekehrten polnischen Notation benutzt. Nach diesem Verfahren, das zuerst die Operanden und dann die Verknüpfungsart angibt, arbeiten z. B. auch die HP-Taschenrechner.

FORTH ist schnell. Im Vergleich zu optimierten Maschinenprogrammen rechnet man für die entsprechenden FORTH-Programme mit einem Zeitbedarf von 150–300 %. Der Aufbau der Sprache erfolgte unter dem Gesichtspunkt der Schnelligkeit. FORTH ist dabei von allen genannten Computersprachen der menschlichen Sprache noch am ähnlichsten.

FORTH ist anspruchslos. Es braucht minimale Computerunterstützung und oft nur 8 bis 16k RAM. FORTH ist damit ideal für Homecomputer mit ihrem beschränkten Speicherplatzangebot geeignet. Der Vorteil wird allerdings durch mehrere Nachteile erkauft. So sind gewöhnlich Fließkommaarithmetik, Zeichenkettenverarbeitung und Diskettenverwaltung nicht implementiert, obwohl die Möglichkeit des Einsatzes grundsätzlich besteht.

Was diese Sprache jedoch so universell macht, ist ihre Erweiterbarkeit. FORTH erlaubt dem Benutzer mit wenigen Einschränkungen die freie Definition beliebiger Prozeduren. Unter Verwendung des Sprachkerns bzw. bereits definierter Befehle können neue definiert werden. Hier können auch Probleme auftreten, denn erstens geht FORTH sehr sparsam mit Fehlermeldungen um, d.h. auch unsinnige Eingaben werden akzeptiert, solange sie nicht eine der wenigen Grundregeln verletzen. Zum zweiten findet keinerlei Programmdokumentation statt.

Beide Systemeigenschaften machen die Fehlersuche in einem offensichtlich falsch arbeitenden Programm sehr schwierig. So sind auch selbstgeschriebene Programme nach einiger Zeit nicht mehr zu entziffern, da zwar die definierten Befehle, nicht aber die Definitionen selbst dokumentiert sind und u.U. vergessen wurden. Außerdem bedient sich FORTH einer Art Symbolschrift, deren Logik nicht ausgesprochen zwingend erscheint. Alle diese Nachteile werden jedoch durch die vorher genannten Vorteile, die FORTH dem Benutzer bietet, mehr als wett gemacht.

Als Erfinder der Sprache gilt Charles Moore der sie um 1970 zur Echtzeitsteuerung eines Radioteleskops am Observatorium für Radioastronomie (NRAO) in Kitt Peak, Arizona entwickelte. Seit etwa 1973 wird die Weiterentwicklung der Sprache und der Versuch einer Standardisierung von der FORTH Interest Group (FIG) betrieben.

Wie die Struktur von FORTH sehr verschieden von der anderer Computersprachen ist, so ist es auch die Programmierung. FORTH ist Interpreter und Compiler zugleich. Man kann sowohl im Direktmodus arbeiten (wie in BASIC), als auch im Compilermodus (wie z.B. FORTRAN). Das erlaubt das sofortige Austesten neu definierter Wörter, die in das Programm compiliert werden.

FORTH-Programme werden üblicherweise in "screens" aufgeteilt; das sind formatierte Programmteile zu je 1kbyte, in denen compilierte Funktionen abgelegt sind. Nur sie können im Direktmodus aufgerufen werden. Screens können direkte Befehle enthalten. Damit kann z.B. bewirkt werden, daß sich ein Programm nach der Kompilierung selbst aufruft. Diese Eigenschaft ist in anderen Programmiersprachen nicht üblicherweise implementiert.

Kompilierte Befehle verhalten sich wie Systemkomponenten und können als Bestandteil neuer, zu kompilierender Befehle dienen.

Wollte man ein Buch über FORTH im FORTH-üblichen Programmierstil schreiben, so müßte alles Unwichtige vorne und die wesentliche Information am Ende des Buches erscheinen. Auch diese Eigenheit von

FORTH hängt mit dem Konzept der Stapelverarbeitung zusammen und wird in den nächsten Kapiteln ausführlich besprochen. Zuvor sollen aber noch einige Vereinbarungen zur Schreibweise in diesem Buch getroffen werden. Wann immer ein FORTH-Wort im Text erscheint, wird es zwischen geschwungene Klammern eingeschlossen sein. Das gilt nicht für Programmzeilen, in denen dieses Wort auftaucht. Außerdem wird die Spezialfunktion „Zeilenabschluß" als <**CR**> dargestellt. Trennzeichen ist in FORTH ausschließlich die Leertaste. Die Antwort des Rechners bei Programmabläufen ist zudem kursiv wiedergegeben, um sie von der Tastatureingabe zu unterscheiden.

2
FORTH ist anders

Computersprachen wie BASIC, FORTRAN oder Pascal verfügen über eine bestimmte Anzahl von Befehlen und Funktionen, einen Befehlssatz, mit Hilfe dessen ein beliebiges Programm erstellt und vom Computer ausgeführt wird. Der Befehlssatz ist vom Compiler oder Interpreter festgelegt und kann normalerweise nicht verkürzt, verändert oder erweitert werden.

FORTH ist anders. In FORTH ist jeder Befehl und jede Funktion mit einem „Wort" verknüpft. So ist zum Beispiel der Befehl einen bestimmten Speicherbereich zu löschen, {ERASE}, oder der Befehl, die nächste Zahl als Dezimalzahl zu behandeln, {DECIMAL}. Daraus wird ersichtlich, daß Befehle und Funktionen in FORTH etwa gleich behandelt werden.

Wie in jeder Sprache sind FORTH-„Wörter" in einem Lexikon – genannt Dictionary – definiert. Dieses Dictionary ist eine sogenannte verkettete Liste von Einträgen unterschiedlicher Länge. Jeder Eintrag definiert ein Sprachelement, das im folgenden mit „Wort" bezeichnet wird.

Im allgemeinen sieht das Format eines Eintrags folgendermaßen aus:

Wortlänge (= Anzahl der Buchstaben)
Name (= Dictionary-Eintrag)
Link Pointer (= Adresse des letzten Eintrags)
Code Pointer (= Startadresse der zum „Wort" gehörigen Maschinenroutine)
Parameterfeld (z. B. ein Variablenwert oder eine Adressenliste)

Daraus ist ersichtlich, daß jeder Eintrag über sämtliche notwendigen Informationen selbst verfügt und nicht auf zusätzliche Hilfe eines Betriebssystems angewiesen ist. Jeder eingegebene Befehl veranlaßt FORTH in seinem Lexikon nachzuschauen. Dann wird er, falls er gültig ist, d.h. falls ein Eintrag existiert, ausgeführt. Wie dies geschieht, hängt von der Art des Eintrags ab und von der Information, die im Parameterfeld abgespeichert ist.

Die meisten FORTH-Wörter beinhalten Listen von Speicheradressen, die die Startadressen anderer FORTH-Wörter darstellen. Nur der Grundwortschatz besteht ausschließlich aus Maschinenroutinen. Das Parameterfeld besteht aus einer Liste von Startadressen anderer FORTH-Wörter, die in der angegebenen Reihenfolge abgearbeitet werden. Dadurch kann das Programm stückweise an beliebigen Stellen im Speicher stehen und abgearbeitet werden. Ein Beispiel: Angenommen, drei kurze Maschinenprogramme existierten für folgende drei Funktionen

1. Abrufen eines Wertes aus dem Speicher
2. Vermindern des Wertes um 1
3. Vergleichen des verminderten Wertes mit 0

In FORTH können diese drei Programme zu einem zusammengefaßt werden, das z. B. den Namen {AVV} trägt. Das Wort verfügt nicht über eigene Maschinenroutinen, da es nicht zum Grundwortschatz gehört, sondern beinhaltet die drei Startadressen der aufgeführten Unterprogramme, die in der angegebenen Reihenfolge abgearbeitet werden.

Die Flexibilität, die aus diesem Konzept rührt, ist erstaunlich; aber sie ist nur eine der wesentlichen Eigenschaften von FORTH. Es ist nämlich möglich, neue Wörter zu definieren und dabei bereits definierte zu benutzen.

Tatsächlich existieren die drei oben genannten Funktionen im Grundwortschatz unter folgenden Namen

1. {@} Abrufen eines Wertes aus dem Speicher (fetch)
2. {1 −} Vermindern des Wertes um 1
3. {0 =} Vergleichen des Wertes mit 0

Die Funktion {AVV} kann also in FORTH ausgeführt werden, und zwar durch Abarbeiten der Grundfunktion {@}, {1 −} und {0 =} in dieser Reihenfolge und zwar jedesmal, wenn die Funktion {AVV} erscheint.

Das Prinzip der Sprache besteht also darin, aus dem Grundwortschatz komplexe Funktionen zu definieren, mit deren Hilfe noch komplexere Funktionen geschaffen werden. So ist das Programmieren in FORTH mit dem Bau einer Pyramide vergleichbar, wobei die Grundfläche den Grundwortschatz verkörpert. Jede darüberliegende Schicht ist eine Kombination aus Bausteinen der darunterliegenden. Der Schlußstein ist ein einziges Wort, das eine komplexe Folge einzelner Funktionen definiert und gewöhnlich als „Programm" bezeichnet wird.

Zugegeben, die vorstehende Beschreibung stellt eine grobe Vereinfachung dar, und nur kleine Programme werden tatsächlich in einer einzigen Pyramide aufgebaut. Normalerweise erhebt sich aus der Grundfläche eine ganze Anzahl von Pyramiden, die sich zum Teil überlappen und das Programm in größere sinnvolle Unterprogramme aufteilen. Trotzdem ist die Pyramidenvorstellung hilfreich, denn sie läßt sofort erkennen, daß ein gutes FORTH-Programm ganz wesentlich von einem gut durchdachten Grundgerüst abhängt.

Zusätzliche Vielseitigkeit erhält FORTH durch die Möglichkeit mehrere „Lexika" nebeneinander zu verwenden und damit einem Wort oder einer Wortfolge mehrfache Bedeutung zu verleihen, um sie dem Zusammenhang, in dem sie erscheinen, anzupassen.

Dieses Problem soll hier aber nicht weiter erörtert werden, denn es ist für das fortgeschrittene Programmieren gedacht.

Um nun endlich in FORTH programmieren zu können, sollen die wesentlichen Grundprinzipien der Sprache noch einmal rekapituliert werden:

- In FORTH werden Funktionen durch Eingabe von Wörtern abgerufen. Zusätzlich rufen viele FORTH-Wörter andere Wörter als Teil ihrer Abarbeitung auf.
- FORTH-Wörter sind in einem Wortschatz definiert und in Form einer verketteten Liste im Speicher abgelegt.
- Ein Worteintrag besteht aus der Länge des Wortes, dem Wortnamen, der Adresse des letzten Eintrags, der Startadresse des zugehörigen Maschinencodes und einem Parameterfeld mit den Startadressen benötigter Unterroutinen.
- Ein Wort ist eine Aufstellung von Anweisungen.
- Bereits definierte Wörter können verknüpft werden, um neue Wörter zu definieren.
- Programmieren in FORTH bedeutet: schrittweises Zusammenfassen vorhandener Wörter in neuen Definitionen.
- Einfache FORTH-Programme sind wie Pyramiden strukturiert, wobei jede Schicht auf der vorherigen aufbaut.
- Verwendung mehrerer „Lexika" ist möglich und wird eingesetzt, um einem Wort verschiedene Definitionen zuzuordnen.

3
Der FORTH-Stapel

Bei der Ausführung eines Programms müssen viele Daten kontrolliert werden. So z. B. die Eingaben von Werten über die Tastatur oder die Zwischenspeicherung von Rechenergebnissen. Normalerweise arbeiten Computer nach dem Variablenprinzip, d. h. Werte werden auf speziell reservierten Speicherplätzen abgespeichert, die durch einen Variablennamen gekennzeichnet sind und auch so aufgerufen werden können.

FORTH erlaubt ebenfalls die Verwendung von Variablen; meistens wird für die Zwischenspeicherung von Daten jedoch der Stapel benutzt.

Der Stapel ist vergleichbar mit einem Tellerstapel. Neue Teller werden immer oben auf den Stapel gesetzt, und die Wegnahme von Tellern erfolgt ebenfalls von oben.

Der FORTH-Stapel ist ein Informationsstapel, die Information wird nacheinander einzeln auf den Stapel gepackt und auch einzeln von oben heruntergeholt. Dieses Organisationsprinzip nennt man LIFO (Last In, First Out).

Warum aber eigentlich einen Stapel benutzen, wenn die Verwendung von Variablen möglich ist? Dafür gibt es eine ganze Reihe von Gründen:

1. Geschwindigkeit

Der Stapel bietet zwei Geschwindigkeitsvorteile. Einmal im Direktmodus und zum zweiten durch die innere Organisation der Sprache.

Im Übersetzungsmodus muß durch Nachschauen der zugehörigen Adresse der Speicherplatz gefunden werden, auf dem die Variable abgelegt ist. Danach wird die Adresse gegen den Variableninhalt vertauscht. Die Benutzung des Stapels dagegen ist eine Einschrittoperation, sowohl beim Abspeichern als auch beim Abrufen des Wertes.

Die innere Organisation von FORTH spielt ebenfalls eine Rolle bezüglich der Arbeitsgeschwindigkeit. Viele der Wörter aus dem Grundwortschatz sind für die Manipulation von Information vom Stapel geschaffen. Die Verwendung von Variablen ist zwar möglich, aber sie bedingt meistens eine unnötige Vergrößerung des Programms durch zusätzliche Routinen.

Außerdem bedeutet im Gegensatz zu anderen Computersprachen das Abrufen und Verändern einer Variablen in FORTH nicht automatisch, daß sie auch wieder entsprechend abgelegt wird.

2. Einfache Handhabung

Daten sind oft nur vorübergehend von Wert, und es lohnt nicht, ihnen einen Namen zuzuordnen und sie permanent im Speicher abzulegen. So z. B. die Angabe, welcher von drei möglichen Wegen im Programm eingeschlagen werden soll. Nach Eingabe des Wertes 1, 2, oder 3 wird das Programm entsprechend weiter abgearbeitet und dieser Wert nie wieder verwendet. Wird der Wert jedoch auf den Stapel anstatt in einer Variablen abgelegt, wird er nach seiner Verwendung automatisch gelöscht.

3. Serielle Verarbeitung

Daten müssen immer in einer bestimmten Reihenfolge verarbeitet werden. Bedingt durch das LIFO-Prinzip geschieht das auf dem FORTH-Stapel in umgekehrter Reihenfolge der Eingabe.

Ein einfaches Beispiel veranschaulicht das:

Angenommen, die Zahlen von 1 bis 10 wurden in steigender Reihenfolge auf dem Stapel abgelegt. Um nun die Zahlen 9 und 10 zu löschen, müßten einfach die beiden letzten Einträge gelöscht werden, d.h. die beiden obersten Werte vom Stapel entfernt werden. Die Verwendung des Stapels hat aber noch weitere Vorteile. Zum Beispiel die Rekursion. Sie bedeutet allgemein die Möglichkeit, eine Folge von Elementen durch Bezug auf bereits bestehende Elemente zu bestimmen. Ein sich selbst aufrufendes Programm wird beispielsweise rekursiv genannt.

Ein kleines Programm, das die Rekursion des Stapels verwendet erzeugt in steigender Reihenfolge die Potenzen von 2 mit Hilfe des Befehls {POTENZ}

: **POTENZ dup 2 *** ;

{POTENZ} kopiert den obersten Stapelwert (top of stack, TOS) multipliziert ihn mit 2 und legt das Ergebnis als neuen TOS ab.

Das Stapelkonzept hat einen weiteren Vorteil: die „eingebaute Müllabfuhr". Wie das obige Beispiel zeigt, wird der kopierte TOS nicht gespeichert, sondern nach der Multiplikation mit 2 vom Stapel entfernt und durch das Ergebnis der Multiplikation ersetzt. Dieses Prinzip der Stapelverwaltung sorgt dafür, daß Information nur dann auf den Stapel gespeichert wird, wenn der Programmierer es ausdrücklich vorsieht.

Doch nun zum Stapel selbst. Generell besteht jedes Stapelelement aus zwei Bytes, d. h. aus 16 bit Information. Damit können beliebige Informationen entweder als 16-stellige Binärzahl oder als 15-stellige Binärzahl mit Vorzeichen dargestellt werden. Ins Dezimalsystem über-

Ein 16-bit Stapelelement

Ein 32-bit Stapelelement

tragen bedeutet das entweder Zahlen zwischen 0 und 65535 oder − 32768 und 32767. Da dieses Format die Speichermöglichkeiten sehr begrenzt, verfügt FORTH außerdem über Befehle, die die Manipulation von 32 bit-Zahlen erlauben. Damit können entweder Zahlen ohne Vorzeichen zwischen 0 und 4294967296 oder Zahlen mit Vorzeichen zwischen −2147483648 und 2147483647 gespeichert werden. Dabei wird natürlich nicht die Stapelgröße verändert, sondern jeweils zwei Stapelelemente zu einem zusammengefaßt. Ähnlich existieren auch Befehle, die nur ein halbes Speicherelement manipulieren. Deshalb ist es wichtig, den Stapel während der Programmierung genau zu verfolgen und für die Manipulation von doppelten, einfachen und halben Speicherelementen jeweils die richtigen Befehle einzusetzen. Leider sind nicht alle Speichermanipulationsbefehle im Grundwortschatz auch für doppelte und halbe Speicherelemente vorgesehen. Sie müssen bei Bedarf selbst definiert werden. Ebenso besteht eine Anwendungsbeschränkung aller FORTH-Befehle darin, daß sie fast immer nur auf das oberste Stapelelement (TOS) bzw. das zweite Stapelelement (2OS) anwendbar sind.

Der der Stapel der Hauptbestandteil von FORTH ist, sollen seine Wirkungsweise und Veränderung im folgenden schematisch dargestellt werden.

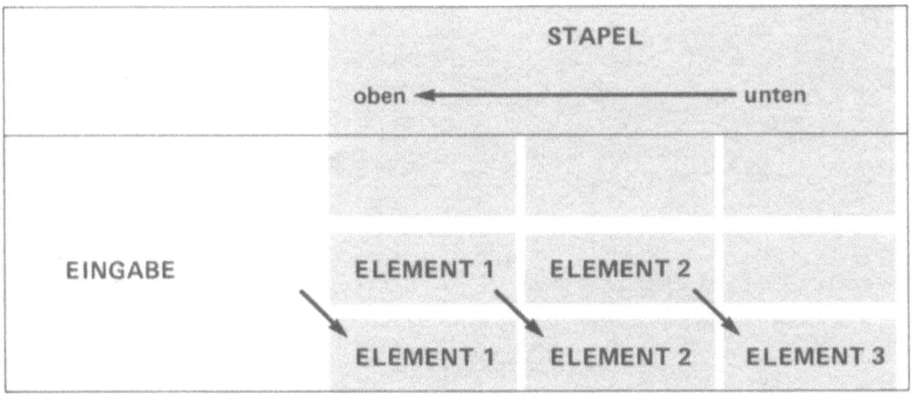

Jede Eingabe, die kein FORTH-Wort ist, wird zum ELEMENT 1, wobei alle bisherigen Elemente um einen Platz nach unten rutschen. Wird ein FORTH-Befehl eingegeben, so wird dieser ausgeführt, und das Ergebnis erscheint als Element 1 auf dem Stapel.

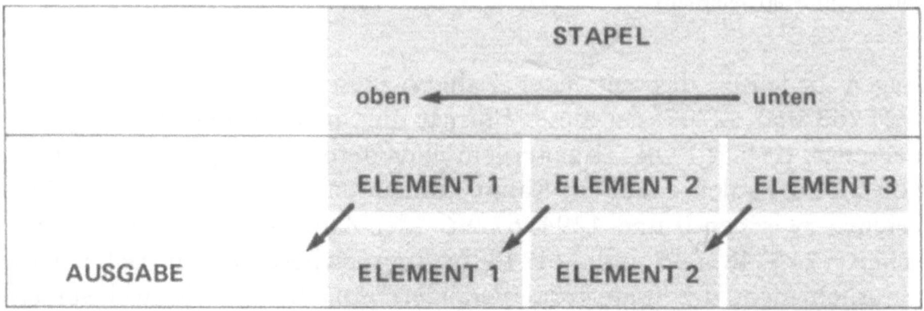

Die Eingabe bewirkte, daß das oberste Element vom Stapel genommen wurde, und alle übrigen einen Platz nach oben rückten.

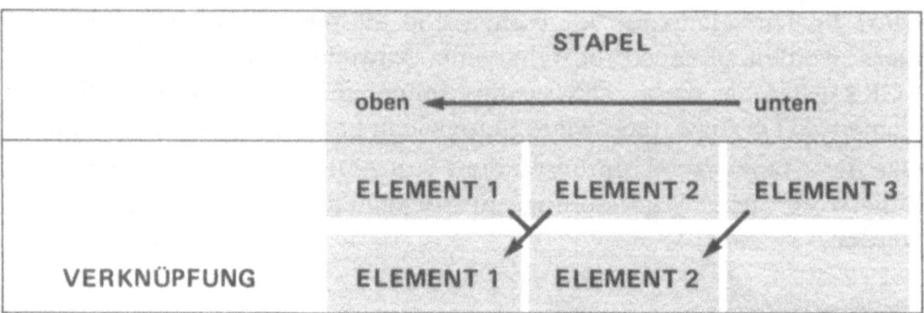

Die Eingabe bewirkte die Verknüpfung der beiden obersten Elemente auf dem Stapel. Beide Elemente werden vom Stapel genommen, und das Ergebnis der Verknüpfung erscheint als neues oberstes Stapelelement ELEMENT 1.

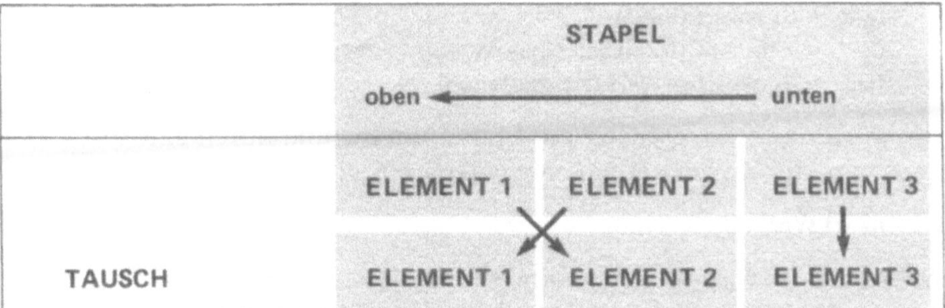

Einige FORTH-Befehle führen zum Platztausch von Elementen (hier die beiden obersten) auf dem Stapel, wobei darunterliegende Elemente nicht berührt werden.

Dieses Buch benutzt eine etwas andere Darstellung des Stapels als die üblicherweise in den FORTH-Handbüchern angegebene, bei der das oberste Stapelwort rechts und das unterste links wiedergegeben ist. Das ist zwar nicht falsch, widerspricht aber unserer Leseweise. Die hier verwendete Schreibweise soll das Verstehen der Stapelmanipulation erleichtern. Außerdem benutzt dieses Buch zum besseren Verständnis nicht die allgemein übliche Symbolschrift, die auch im Anhang wiedergegeben ist, um Art und Eigenschaft der behandelten Stapelelemente zu kennzeichnen. Diese Symbolschrift sieht folgendermaßen aus:

Hierbei werden für die Elemente folgende Abkürzungen verwendet:

n = 16-bit Zahlen mit Vorzeichen
u = 16-bit Zahlen ohne Vorzeichen
d = 32-bit Zahlen mit Vorzeichen
ud = 32-bit Zahlen ohne Vorzeichen
addr = Speicheradresse (16-bit)
byte = Bytewert (8-bit)
C = 7-bit ASCII-Zeichen eines Bytes
flag = Boole'scher Wert (richtig/falsch)

Ein Wort, das zwei Zahlen vom Stapel nimmt und durch eine dritte ersetzt, wird also folgendermaßen wiedergegeben:

n2 n1 Wort n3

In Worten: n1 wird mit n2 verknüpft (in dieser Reihenfolge), das Ergebnis ist n3, das als oberstes Stapelelement (TOS) abgelegt wird. Diese Symbolschrift, die für den Fortgeschrittenen eine Hilfe ist, wird nur im Anhang des Buches benutzt. Für den Anfänger kompliziert sich durch die Vereinfachung der Schrift aber das Verständnis der Abläufe, weshalb die Beispiele ausführlich dargestellt werden, z. B.:

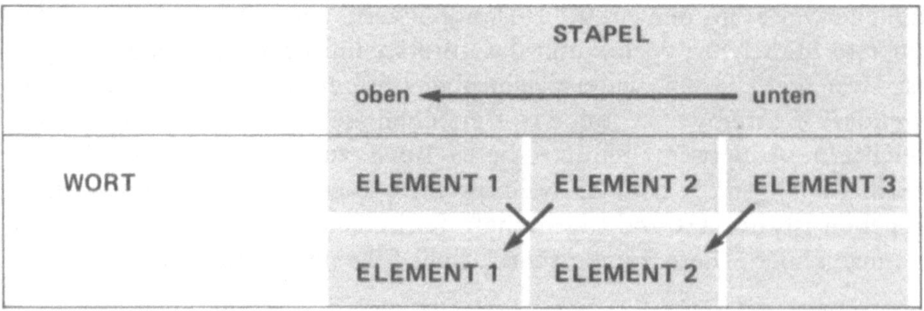

Dadurch läßt sich die Verschiebung der einzelnen Elemente auf dem Stapel besser verdeutlichen.

FORTH verfügt über einen Grundwortschatz, mit dessen Hilfe Stapelmanipulationen vorgenommen, aber auch neue Wörter definiert werden können. Einige Beispiele sollen hier vorgestellt werden.

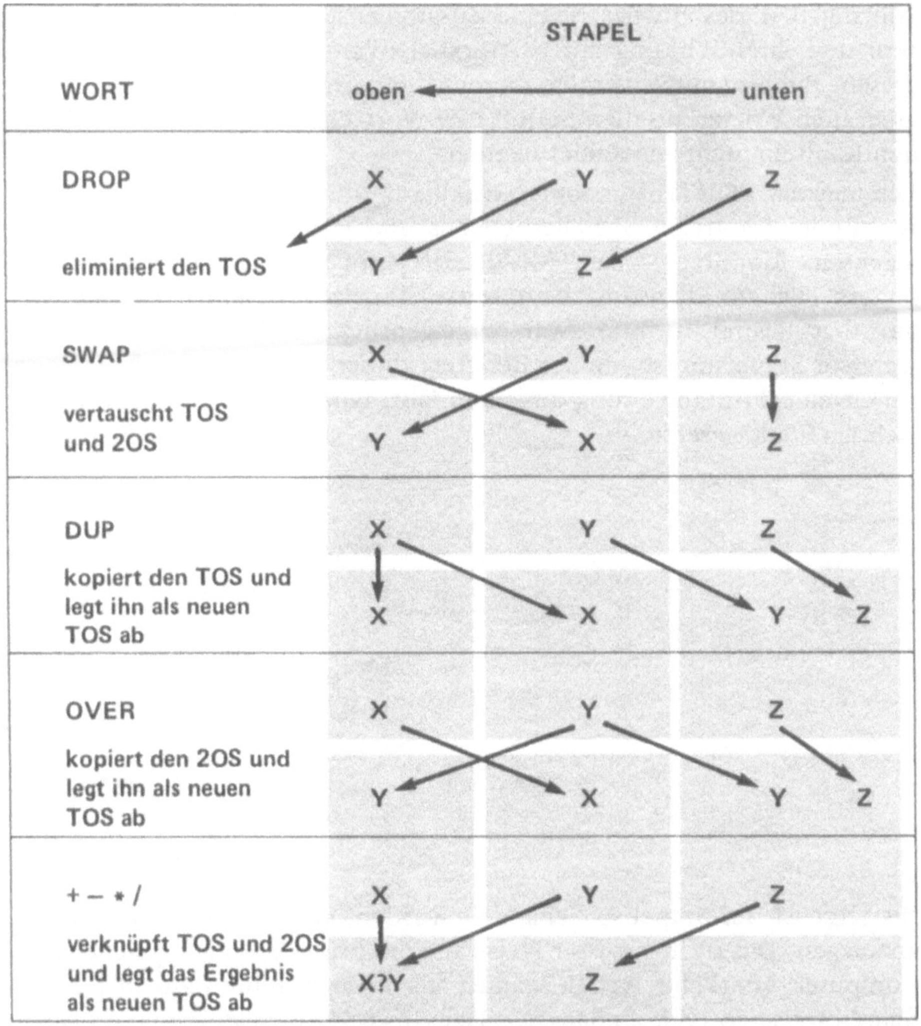

WORT
STAPEL
oben
unten
DROP
eliminiert den TOS
X Y Z
Y Z
SWAP
vertauscht TOS und 2OS
X Y Z
Y X Z
DUP
kopiert den TOS und legt ihn als neuen TOS ab
X Y Z
X X Y Z
OVER
kopiert den 2OS und legt ihn als neuen TOS ab
X Y Z
Y X Y Z
+ – * /
verknüpft TOS und 2OS und legt das Ergebnis als neuen TOS ab
X Y Z
X?Y Z

Wie schon erwähnt, gibt es FORTH-Wörter, die 32-bit Zahlen auf dem Stapel manipulieren. Das sieht dann folgendermaßen aus:

WORT
STAPEL
oben
unten
2DUP
kopiert TOS und 2OS und legt sie als neuen TOS und 2OS wieder ab
A B X Y
A B A B X Y

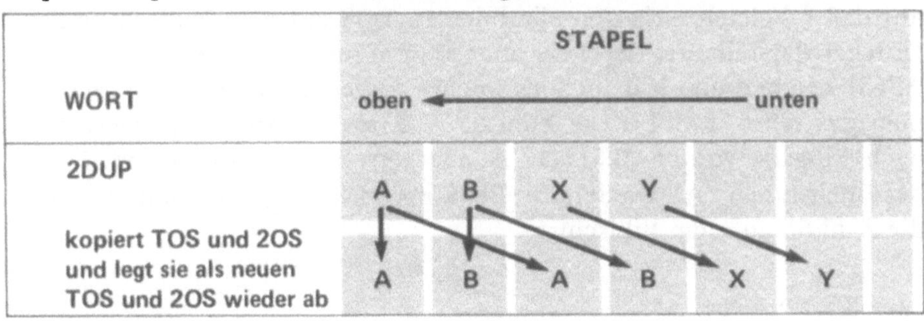

Anhang B dieses Buches ist eine Zusammenstellung von FORTH-Wörtern und ihrer Wirkung auf den Stapel. Wann immer neue Wörter in diesem Buch benutzt werden, werden sie vorher erklärt. Anhang B gibt aber auch Wörter aus dem FORTH-79 Wortschatz an, die in den folgenden Kapiteln nicht verwendet werden.

Die meisten FORTH-Versionen installieren ihren Zahlenstapel am oberen Ende des freien Speicherbereichs und lassen ihn nach unten hin wachsen. Ein Stapelzeiger {SP@} zeigt jedoch immer die Adresse des letzten TOS an. Ebenso ist die unterste Stapeladresse mit {S0} und {@} abrufbar. Damit ist nun zwar der eigentliche TOS die oberste bzw. unterste Stapeladresse, da der Benutzer diesen Wert aber normalerweise durch eine Printanweisung ausgeben läßt, wird der TOS wieder an die richtige Stelle gesetzt.

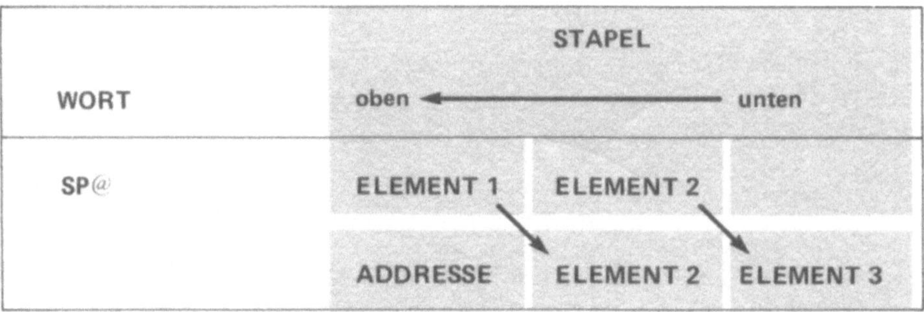

Bis jetzt ist der Stapel so behandelt worden, als seien dort nur Zahlen abzulegen. Das ist in gewisser Weise auch richtig, allerdings speichert ein Computer sämtliche ASCII-Zeichen als 7- bzw. 8-bit Zahl in binärer Schreibweise ab (vgl. Anhang C). Der Ausdruck erfolgt jedoch im Dezimal- oder Hexadezimalzahlformat. Dazu verwendet FORTH das Wort {.} (sprich: dot). {.} bewirkt für den Stapel das gleiche wie {DROP}, nur daß {.} gleichzeitig den eliminierten TOS auf dem Bildschirm bzw. Drucker darstellt. Ist der TOS aber kein numerischer Wert, sondern ein ASCII-Zeichen und soll auch als solches ausgedruckt werden, verwendet man das Wort {EMIT}. Die Zahl 65 z. B. als oberster Stapelwert, wird nach Eingabe von {EMIT} als "A" dargestellt, da 65 den ASCII-Code des Buchstaben "A" wiedergibt. Bei Eingabe von {.} hingegen, erscheint die Zahl 65 auf dem Bildschirm.

Ich möchte das bisher gesagte noch einmal zusammenfassen:

- Der Stapel sammelt Information.
- Sein Vorteil liegt in der Arbeitsgeschwindigkeit, Feldverarbeitung, Rekursion und automatischen Beseitigung nicht mehr benötigter Information.
- Der Stapel besteht aus 16-bit Elementen, die entweder Zahlen mit oder ohne Vorzeichen darstellen.
- Auch 32-bit Elemente kann der Stapel verarbeiten, die wie bei den 16-bit Elementen Zahlen mit oder ohne Vorzeichen sind.
- Grundsätzliche Stapelmanipulationen sind Einlesen, Auslesen, Verknüpfung und Austausch von Stapelelementen.
- Normalerweise beginnt der Stapel am oberen Ende des freien Speicherbereichs und wird nach unten erweitert.

Bisher wurden folgende Stapelmanipulationen vorgestellt:

- {DROP} eliminiert den TOS.
- {DUP} kopiert den TOS und legt die Kopie als neuen TOS ab.
- {OVER} kopiert den 2OS und legt die Kopie als neuen TOS ab.
- {2DUP} kopiert TOS und 2OS und legt sie als neue TOS und 2OS wieder ab.
- {SWAP} tauscht die beiden obersten Stapelelemente gegeneinander aus.
- {+ − * /} verknüpft die beiden obersten Stapelelemente in der bekannten Weise.
- {SP@} bringt die Adresse des TOS auf den Stapel.
- {.} druckt den TOS als numerischen Wert aus.
- {EMIT} gibt den TOS als ASCII-Zeichen aus.

4
Rechnen mit FORTH

Jeder lernt in der Schule, daß 2 + 2 = 4. Computer sehen das etwas anders. Sie rechnen mit der sogenannten „postfix-Notation“, die besagt, daß zuerst die Angaben der Operanden und danach die Verknüpfungsart erfolgt.

Aus 2 + 2 wird also 2 2 +.

Die Tatsache, daß die Verknüpfung zuletzt festgelegt wird, führt zur Namensgebung „postfix“ oder auch UPN (umgekehrte polnische Notation). Polnisch deshalb, weil man den Verdienst um die Einführung dieser Rechenweise dem polnischen Mathematiker Jan Lukaciewicz zukommen lassen wollte, ohne sich an seinem Namen die Zunge abbrechen zu müssen. Eine weitere Bezeichnung für UPN ist „klammerfreie Notation“, weil auf jegliche Klammerbenutzung verzichtet werden kann.

Normalerweise gelten folgende Rechenregeln:

1. Multiplikation und Division geht vor Addition und Subtraktion.
2. Der Inhalt von Klammern wird zuerst berechnet. Bei verschachtelten Klammern gilt dies für die innerste, dann für die nächstäußere usw.
3. In allen anderen Fällen wird von links nach rechts gerechnet.

Ein Beispiel:

(24 + 6)/3 – 5 + 10 * 2

Die Berechnung geschieht in fünf Teilschritten

1. Berechnung des Klammerinhaltes (24 + 6) = 30
2. Durchführung des Divisionsschrittes 30/3 = 10
3. Durchführung des Multiplikationsschrittes 10 * 2 = 20
4. Subtraktion von 5 vom Ergebnis des Divisionsschrittes 10 – 5 = 5

5. Addition des Multiplikationsergebnisses zum Teilergebnis aus 4. : 5 + 20 = 25

In BASIC würde diese überaus komplizierte Rechenoperation genauso dargestellt und berechnet werden.

Die UPN von FORTH zwingt zu einer klammerfreien Darstellung, die demnach folgendes Aussehen hätte:

24 6 + 3 / 5 – 10 2 * +

Jetzt wird konsequent von links nach rechts gearbeitet.

Die beiden ersten Zahlen erscheinen auf dem Stapel und werden mit + verknüpft, das Zwischenergebnis 30 wird als TOS abgelegt. Als nächstes wird die Zahl 3 auf den Stapel geschoben und die Division {/} durchgeführt. Neuer TOS ist jetzt 30 / 3 = 10. Dann wird 5 subtrahiert, im TOS steht nun das Ergebnis 5. Zwei weitere Zahlen kommen auf den Stapel, 10 und 2, und werden miteinander multipliziert, da sich die Verknüpfung immer auf TOS und 2OS bezieht. Nach dieser Operation stehen auf dem Stapel: im TOS das Multiplikationsergebnis 20 und als 2OS die 5. Als letztes folgt nun die Addition zum Endergebnis 25.

Diese Methode ist natürlich nicht die einzig mögliche zur Lösung der gestellten Aufgabe, sie ist aber die direkte Umwandlung der algebraischen Rechenmethode in UPN und dem Anfänger wahrscheinlich am verständlichsten.

Die Berechnung von 25 + 6 + 4 * (5 + 3 + 1 * 311) könnte in FORTH lauten:

25 6 + 4 5 3 + 1 311 * + * + oder auch:
25 6 4 5 3 1 311 * + + * + +

Für den Fall, daß die eben vorgestellten Stapeloperationen noch nicht ganz geläufig sind, sollen sie nachfolgend noch einmal schematisch dargestellt werden. Jeder Operator, ob nun {+}, {–}, {*}oder {/}, betrifft die beiden obersten Stapelelemente, entfernt sie vom Stapel und schreibt das Ergebnis der Verknüpfung als oberstes Stapelelement nieder:

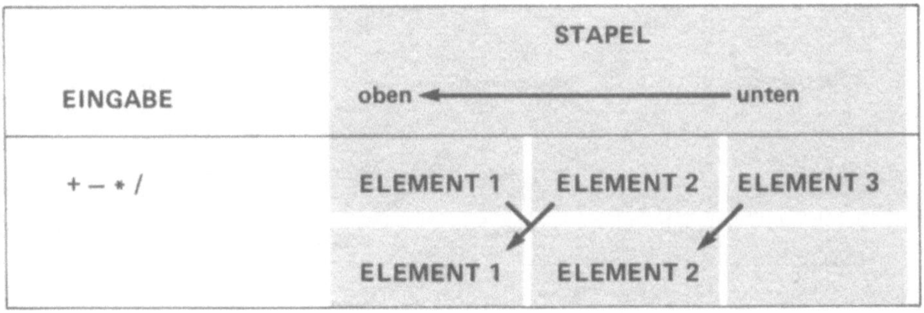

EINGABE	STAPEL oben ◄—— unten		
+ – * /	ELEMENT 1	ELEMENT 2	ELEMENT 3
	ELEMENT 1	ELEMENT 2	

Die Operanden von Subtraktion und Division sind nicht kommutativ, d. h. $a - b \neq b - a$ bzw. $a / b \neq b / a$. Hier gilt in FORTH immer, daß der TOS vom 2OS subtrahiert, bzw. der 2OS durch den TOS dividiert wird. Außerdem gelten die Verknüpfungen nur für Operationen mit 15- bzw. 16-bit Zahlen. Soll mit anderen Zahlenformaten gearbeitet werden, so ist zu beachten daß nicht alle Rechenoperationen im Grundwortschatz implementiert sind. So kennt FORTH zwar die Befehle {D+} bzw. {D−} für die Addition und Subtraktionen von 32-bit Zahlen, Multiplikation und Division sind in diesem Format jedoch nicht vorgesehen. Die Eingabe von 4-byte Zahlen erfolgt durch Setzen eines Dezimalpunktes in der Zahl. Dabei ist die Position des Punktes völlig egal, da ja in jedem Fall die Zahl als Integer aufgefaßt wird. Die Zahlen 19.84, 1.984 oder 0000.1984 bedeuten also immer das gleiche, nämlich 1984, werden aber im Gegensatz zur Eingabe 1984 auf den beiden obersten Stapelplätzen abgelegt, und zwar in der Form:

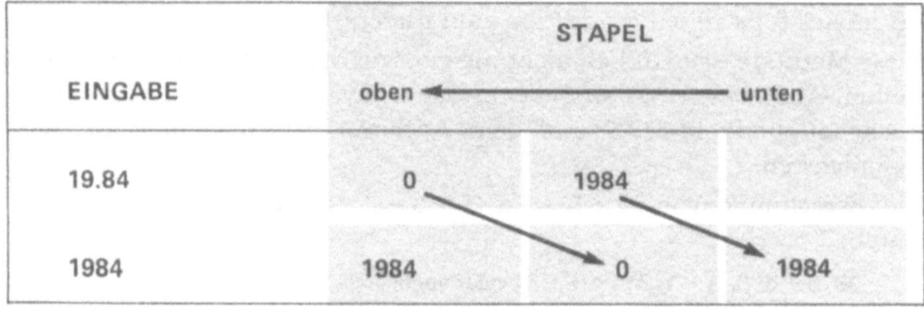

d. h. beim Abspeichern im 4-byte Format wird die eingegebene Zahl durch 65536 geteilt, der Teilungsrest wird zuerst und der Quotient danach auf den Stapel abgelegt. Die Eingabe von 65.536 und 65536 ergibt demnach:

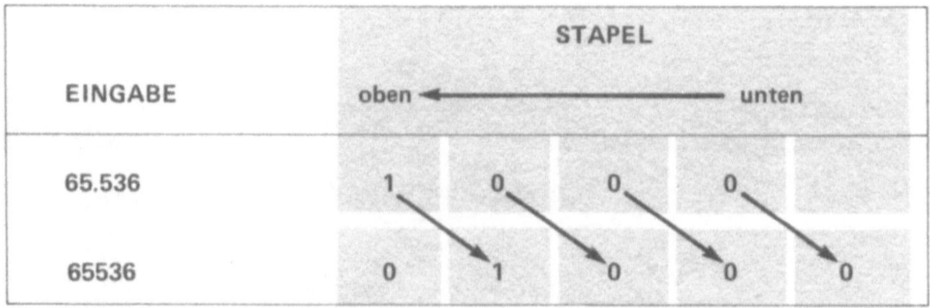

Sind auf dem Stapel einfach und doppelt formatierte Zahlen gemischt, so ist Vorsicht geboten, da FORTH keinerlei Hilfen für das Erkennen der verschiedenen Zahlenformate gibt. Trotzdem gibt es einige Zahlenoperationen, die einfache und doppelte Zahlenformate verbinden. So ist es z. B. möglich durch den Befehl {M *} zwei einfach formatierte Zahlen zu multiplizieren und das Ergebnis als doppelt formierte Zahl in den Stapel einzubringen.

Ebenso kann mit {M /} eine doppelt formatierte Zahl durch eine einfach formatierte geteilt werden, wobei der Quotient als TOS und der ganzzahlige Rest als 2OS gespeichert wird.

Es sollte hier daran erinnert werden, daß die Operatoren + − * und / FORTH-Wörter, wie {DROP} oder {DUP} bzw. {M *} und {M /} sind.

Zusammenfassung:

Die grundsätzlichen Eigenschaften der FORTH-Arithmetik sind:

- Die Anwendung der postfix-Notation, auch klammerfreie Notation oder UPN genannt, bei der zuerst die Operanden und danach der Operator (Verknüpfungsanweisung) angegeben wird.
- FORTH arbeitet Formeln grundsätzlich in der Reihenfolge ihrer Eingabe ab, ganz im Gegensatz zur herkömmlichen Arithmetik, die prinzipielle Prioritäten einiger Verknüpfungen über anderen stellt (Klammerberechnung, Multiplikation, Addition)
- Doppelt formatierte Zahlen werden durch einen Dezimalpunkt innerhalb der Zahl bei der Eingabe gekennzeichnet.
- Gemischte Operationen sind solche, bei denen sowohl einfach- als auch doppelt-formatierte Zahlen auftreten. In diesem Kapitel wurden folgende FORTH-Wörter eingeführt:

• +	=	**Addition**	**einfach formatierter Zahlen**
• −	=	**Subtraktion**	
• *	=	**Multiplikation**	
• /	=	**Division**	
• D+	=	**Addition**	**doppelt formatierter Zahlen**
• D−	=	**Subtraktion**	
• M*	=	**Multiplikation**	**gemischter Zahlen**
• M/	=	**Division**	

5
Die Anwendung

An dieser Stelle soll der Trockenkurs für beendet erklärt werden. Der Leser dieses Buches, der höchstwahrscheinlich über einen Homecomputer und eine FORTH-Version hierfür verfügt, sollte spätestens jetzt Diskette oder Cassette einlegen und das Programm laden. Die meisten Programme identifizieren sich selbst, d. h. nach erfolgreichem Ladevorgang erscheint eine Copyrightmeldung. Wenn nicht, sollte sich das System nach einfachem Druck auf <**CR**> mit **ok** oder ähnlich melden.

Zuerst die Ein- und Ausgabe von Zahlen auf dem Stapel. Zur Eingabe wird die Zahl eingetippt und mit ENTER bzw. RETURN (<**CR**>) abgeschlossen. Das System quittiert die Eingabe durch die Meldung **ok**.

```
???FORTH Version 1.1
ok


32 <CR> ok
```

Zur Erinnering: Jede Meldung des Computers ist hier halbfett und unterstrichen wiedergegeben. Auf dem Stapel steht also jetzt als erste Zahl, "32", im 16-bit = 2-byte Format.

Es können jetzt weitere Zahlen eingegeben werden, die entweder mit **<CR>** oder einer Leertaste voneinander getrennt werden. Lediglich die letzte Eingabe **muß** mit einem **<CR>** abgeschlossen werden.

```
???FORTH Version 1.1
ok


32 <CR> ok
14 12 13 1 10000 1 <CR> ok
```

Jetzt sind sechs weitere Zahlen auf dem Stapel, der nun folgendes Aussehen hat:

```
oben ←—— STAPEL —— unten
     1 10000 1 13 12 14 32
```

Auch die Wegnahme von Zahlen vom Stapel ist einfach, z. B. durch Ausdruck auf dem Bildschirm. Jeder Druckbefehl {.} schreibt den jeweiligen TOS auf den Schirm und nimmt ihn dann vom Stapel.

```
???FORTH Version 1.1
ok


14 12 13 1 10000 1 <CR> ok
 <CR> 1 ok
```

Der Stapel enthält jetzt noch sechs Elemente, der neue TOS ist "10000". Auch doppelt formatierte Zahlen können ausgedruckt werden. In diesem Fall wird statt {.} der Befehl {D.} (spricht: D-dot) eingegeben.

Neben Zahlen kann der Stapel, wie bereits erwähnt, auch andere Zeichen verarbeiten. Da alle Zahlen durch ihren ASCII-Code gespeichert werden, macht der Stapel keinen Unterschied zwischen Zahl und Zeichen. Im Angang C sind die Codes für sämtliche ASCII-Zeichen aufgeführt.

Wer diese Tabelle nicht zur Hand hat, kann dennoch ASCII-Zeichen auf den Stapel schreiben. FORTH verfügt über einen Befehl, der die Konversion des Zeichens in den entsprechenden Code selbst vornimmt. {KEY}<**CR**> schaltet den Computer in den Konversionsmodus, der nun die Eingabe eines ASCII-Zeichens erwartet, dessen Code auf dem Stapel abgelegt wird. Auch eine Zahl z. B. "9" wird als ASCII-Zeichen interpretiert und durch den CODE 57 abgespeichert.

Der Befehl, der den Ausdruck des Codes als ASCII-Zeichen gestattet, heißt {EMIT}. {EMIT} druckt den TOS als Buchstaben oder Ziffer aus. Dabei überprüft FORTH nicht, ob der TOS als Zahl oder ASCII-Code eingegeben wurde. {EMIT} benutzt zwar nur sieben Bits des niederwertigen Bytes des TOS, trotzdem erfolgt bei der Konversion von Zahlen > 127 keine Fehlermeldung. Die Verknüpfung zweier Zahlen erfolgt durch Angabe des Operators nach den beiden Operanden. Wie bereits besprochen, heißt die Eingabe für 2 + 2 :

```
???FORTH Version 1.1
ok


2 2 + . <CR> 4 ok
```

Zuerst wurden beide Zahlen auf den Stapel geschrieben; danach erfolgte die Verknüpfung und abschließend die Printanweisung. **Es ist zu beachten, daß sämtliche Eingaben durch Leertaste voneinander getrennt werden.**

Was geschieht aber, wenn in unserem Beispiel eine zweite Addition zwischen der ersten Addition und dem Printbefehl eingefügt wird, obwohl nur 2 Zahlen auf dem Stapel stehen? Nun, der Computer führt diese Operation durch und meldet sich etwa so:

```
???FORTH Version 1.1
ok


2 2 + + . . <CR> 8246.? STAPEL LEER
```

Statt "STAPEL LEER" kann natürlich auch eine Meldung wie "Stack empty" oder einfach "MSG# ..;" (Message# ...) erscheinen. Da 8246 ganz offensichtlich nicht das Ergebnis von 2 + 2 ist kommt dieser Wert von dem Versuch eine Addition auf dem Stapel durchzuführen, obwohl sich dort nur noch ein Operand befindet. Dies führt jedoch nicht zu einer Fehlermeldung, die erst durch den Versuch, vom leeren Stapel zu lesen, ausgelöst wird. Gleichzeitig wird der beanstandete Befehl {.} mit nachgestelltem Fragezeichen ausgedruckt.

Wir wollen uns nun einigen weiteren FORTH-Wörtern zuwenden. Aus Kapitel 3 ist bereits das Wort {DUP} bekannt. Es kopiert den TOS, legt die Kopie als neuen TOS ab und schiebt alle übrigen Werte auf dem Stapel um eine Position nach unten.

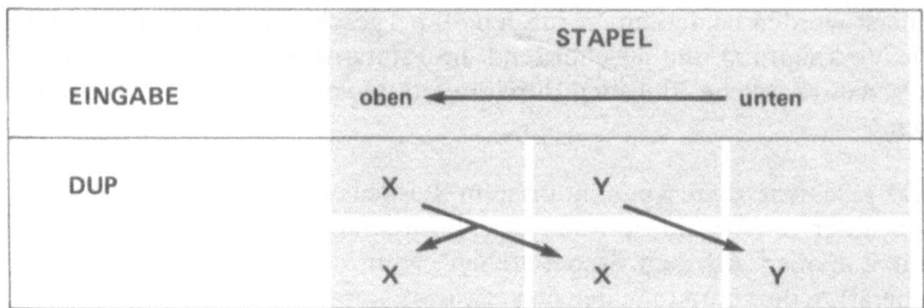

Ebenso wirkt {2DUP}, nur mit dem Unterschied, daß hier die beiden obersten Stapelelemente kopiert und entsprechend behandelt werden.

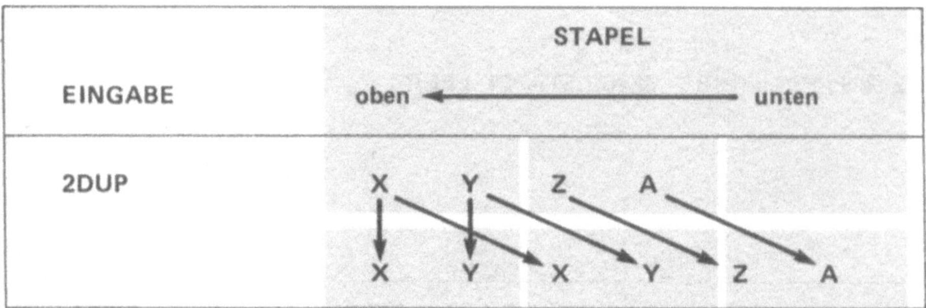

Neu ist der Befehl {ROT}, eine Ausnahme insofern –, als er das dritte Stapelelement als TOS setzt und die beiden oberen je einen Platz nach unten schiebt.
Beispiel:

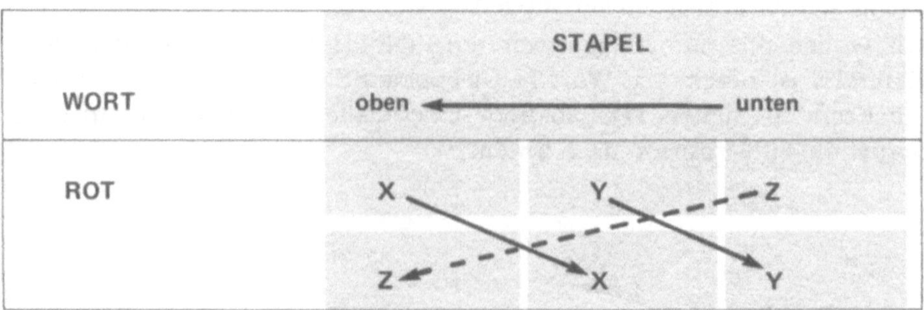

Dreimalige Anwendung des Befehls führt demnach wieder zur Ausgangsstellung auf dem Stapel.

Ein weiterer Befehl ist {.R} (spricht: "dot-R"), der den 2OS ausdruckt. Hierbei wird jedoch der TOS ebenfalls vom Stapel genommen und als rechtsbündige Formatierungsanweisung benutzt.

Zur Veranschaulichung:

```
???FORTH Version 1.1
ok


33 5 201 5 1 5 4799 5 <CR> ok
.R <CR> 4799ok
.R <CR>    1ok
.R <CR>  201ok
.R <CR>   33ok
```

Nach Eingabe der Zahlenwerte befindet sich die zuletzt eingegebene 5 auf dem TOS. Der nachfolgende Befehl {.R} benutzt die 5 nun als Formatierungsanweisung für den Ausdruck der Zahl 4799. Nach dem Ausdruck werden beide Zahlen vom Stapel eliminiert, alle noch vorhandenen Zahlen rücken um zwei Positionen nach oben und der ganze Vorgang wiederholt sich mit der nächsten {.R}-Anweisung. Auf diese Weise können Zahlenkolonnen sehr einfach dargestellt werden. Es ist zu empfehlen, alle bisher gelernten Befehle auszuprobieren, zu kombinieren und auch ruhig einmal falsch zu verwenden. So bekommt der Anfänger am ehesten ein Gefühl für die Arbeitsweise des FORTH-Stapels.

Wir fassen zusammen: Der FORTH-Stapel speichert Zahlen und ASCII-Zeichen gleichermaßen. Der Ausdruck geschieht jedoch durch zwei unterschiedliche Befehle, {.} für Zahlen und {EMIT} für ASCII-Zeichen.

Ein weiterer Druckbefehl ist {.R} für formatierte Ausdrucke. Die Eingabe von ASCII-Zeichen erfolgt durch den Befehl {KEY}. Eine falsche Stapelmanipulation erzeugt Fehlermeldungen unter Angabe des Befehls, der die Fehlermeldung verursacht hat. Es existieren einige wenige FORTH-Wörter, die das drittoberste Stapelelement manipulieren, zu ihnen gehört {ROT}.

6

FORTH als Interpreter und Compiler

Alle bisher vorgestellten Operationen wurden unmittelbar nach Abschluß der Eingabe ausgeführt. Wie BASIC kann FORTH im Direktmodus als Interpreter arbeiten. Dabei können mehrere Wörter eingegeben werden, die in der Reihenfolge der Eingabe, nach Abschluß durch <**CR**>, ausgeführt werden, FORTH-Wörter sind Befehle oder Funktionen, die von Zahlenverknüpfung über Stapelverschiebung bis zu Ein- oder Ausgabeanweisungen jede beliebige Aufgabe erfüllen. Dies wird natürlich erst möglich, wenn es gelingt, verschiedene FORTH-Wörter miteinander zu verknüpfen. Wir erinnern uns: FORTH-Programme sind wie Pyramiden aufgebaut, deren jeweils oben liegende Wortschicht aus Wörtern der darunterliegenden aufgebaut ist. Hier soll nun erklärt werden, wie das vor sich geht.

Angenommen, zwei Ziffern sollen addiert und auf dem Bildschirm ausgedruckt werden. Der FORTH-Befehl hierzu würde lauten:

```
KEY 48 - KEY 48 - +.
```

Die {48 –} hinter {KEY} zeigt an, daß jede Ziffer vom ASCII-Code in ihren numerischen Wert umgewandelt wird (durch Subtraktion von 48). Diese Befehlsfolge soll nun in eine Meta-Funktion namens {ADDIERE} zusammengefaßt und in den Wortschatz aufgenommen werden. Das geschieht in einer Doppelpunktsdefinition, d. h. man schreibt vor die Befehlsfolge einen Doppelpunkt (:) und den Namen des neu definierten Wortes und schließt die Definition mit einem Semicolon (;) ab:

```
: ADDIERE KEY 48 - KEY 48 - + .;
```

In einer Doppelpunktfunktion werden alle Befehle, auch der Doppelpunkt und der neue Name durch Trennzeichen (Leertaste) vom nächsten abgesetzt. Außerdem ist die Befehlsfolge in der Reihenfolge anzugeben, in der sie ausgeführt werden soll.

Wir haben hiermit den FORTH-Wortschatz unseres Programmes um ein Wort erweitert und {ADDIERE} als letztes (neuestes) Wort auf den Dictionary-Stapel geschrieben. Wann immer nun {ADDIERE} eingetippt wird, wird die oben definierte Befehlsfolge abgearbeitet. Auch für die Definition neuer Wörter kann {ADDIERE} selbstverständlich verwendet werden. Die Funktion {ADDSUB} z. B. subtrahiert die Summe der beiden letzten Ziffern von der ersten unter Verwendung von {ADDIERE} und druckt die erste Zahl und die Summe der beiden letzten Zahlen zusätzlich aus:

: ADDSUB KEY 48 – DUP . ADDIERE – .;

Was bewirkt der Doppelpunkt? Ganz einfach, statt der direkten Ausführung wird ein Wortschatzeintrag vorgenommen, wie zu Beginn des zweiten Kapitels beschrieben wurde.

Der FORTH-Compiler arbeitet also nicht wie übliche Compiler z. B. in FORTRAN, der die Sprache in Maschinencode übersetzt. Wann immer in FORTH von Compilierung gesprochen wird, ist damit die Definition eines neuen Wortes gemeint und die damit verbundene Erstellung des entsprechenden Dictionary-Eintrags. Doch das ist noch nicht alles. Die Definition eines neuen Wortes kann mit dem Namen eines bereits existierenden Wortes, sogar aus dem Grundwortschatz, versehen werden. FORTH meldet in diesem Fall zwar: "MSG#4 ISN'T UNIQUE", führt die Definition aber aus und übeschreibt die alte Definition.

Die Meldung dient nur als Warnung, daß eine bestehende Definition geändert wurde.

Es gibt einige Befehle, die für die Handhabung des FORTH-Wortschatzes sehr hilfreich sind. Zu ihnen gehören {FORGET} und {VLIST}.

{FORGET} ermöglicht die Löschung von Worteinträgen im Wörterbuch. Da Wörter jedoch unter Verwendung anderer Wörter definiert werden können, wäre die Löschung eines Wortes mitten aus dem Stapel heraus gefährlich, weil damit auch nachfolgende Definitionen zerstört werden könnten. Deshalb löscht:

{FORGET} Name

alle Worteinträge ab "Name" bis zum letzten definierten. Da es für eine solche Operation sehr wichtig ist, die Reihenfolge der Wortdefinitionen zu kennen, existiert der Befehl {VLIST}, der den gesamten Wortschatz, angefangen beim zuletzt definierten, auflistet.

In manchen FORTH-Dialekten heißt {VLIST} auch {CLIST} bzw. {DLIST}. Das Programmhandbuch gibt jedoch hierüber Auskunft.

Zusammenfassung:

- Die Doppelpunktdefinition macht FORTH zu einer außergewöhnlichen und potenten Computersprache.
- Doppelpunktdefinitionen sind Befehlsfolgen, die mit einem Doppelpunkt beginnen und mit einem Strichpunkt abgeschlossen werden.
- Doppelpunktdefinitionen enthalten einen frei wählbaren Namen. Bereits existierende Befehle können neu definiert werden. Zur Handhabung des Wortschatzes existieren ebenfalls Befehle.
- {FORGET} zur Löschung von Worteinträgen und
- {VLIST} zur Auflistung des gesamten Vokabulars.

7
Speichermanipulation

Wer bereits eine Computersprache beherrscht, ist wahrscheinlich mit der Anwendung von Variablen vertraut. Eine Variable ist einfach ein Speicherplatz, der für eine bestimmte Information reserviert ist und einen Namen trägt. Dieser Name ist vom Benutzer wählbar und dient zum Aufruf der Information. Um in FORTH eine Variable zu definieren, wird das Wort {VARIABLE} benutzt, gefolgt vom zugeordneten Namen, also:

VARIABLE Name

Mehrere Computersprachen (u. a. auch einige BASIC- und FORTH-Dialekte) verlangen bei der Definition von Variablen die Angabe des Startwertes. In diesem Fall lautet die Ausführung:

Startwert VARIABLE Name

FIG-FORTH benutzt den obersten Stapelwert und ordnet ihn als Startwert der Variablen zu. Es ist hier ratsam zu prüfen, ob der vermeintliche Startwert der Variablen auch tatsächlich oberster Stapelwert (TOS) ist.

Die Definition einer Variablen bedeutet nur die Hinzufügung eines neuen Wortes zum Wortschatz. Der Name einer Variablen wird genauso behandelt wie der einer Routine; Variablen und Routinen dürfen also nicht den gleichen Namen tragen. Der Unterschied zwischen beiden besteht nur darin, daß einer Variablen eben keine vom Anwender definierte Prozedur zugeordnet ist.

Die Definition einer Variablen ist nur sinnvoll, wenn der dafür reservierte Speicherplatz auch beschrieben bzw. ausgelesen wird. Dies geschieht mit den Befehlen "store" und "fetch", die den FORTH-Worten

{!} (store, speichere) und {@} (fetch, lies) zugeordnet sind. Der allgemeine Befehl, einer Variablen einen Wert zuzuweisen lautet:

Wert Name !

1984 Jahr !

bedeutet also, daß der zuvor definierten Variablen "Jahr" der Wert "1984" zugeordnet wurde.

Die Stapelorganisation verläuft dabei folgendermaßen: Der Wert "1984" wird eingetippt und erscheint als TOS, danach kommt der Variablenname "Jahr", verschiebt "1984" auf den zweiten Platz (2OS) und setzt die Adresse von "Jahr" auf TOS. {!} verknüpft die beiden und schreibt "1984" auf die angegebene Adresse. Das ganze sieht so aus:

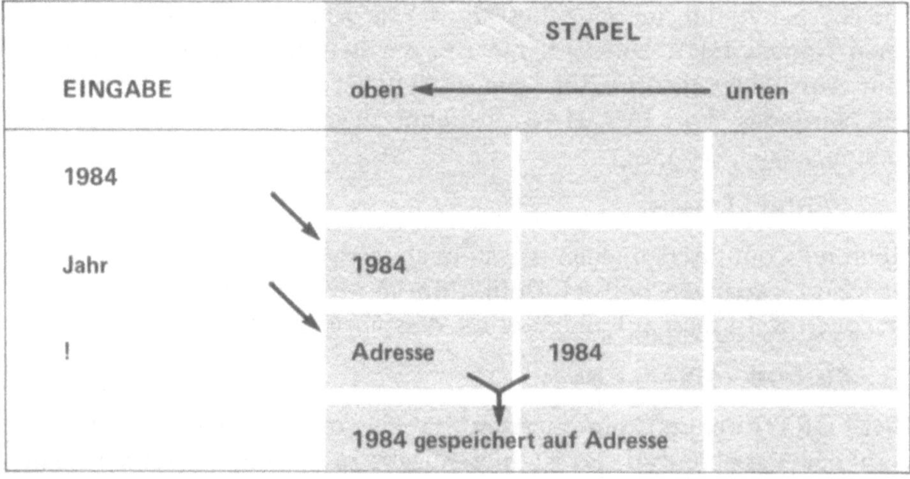

Daraus wird deutlich, daß die Definition einer Variablen nicht unbedingt erforderlich ist. Wenn die Adresse des zu beschreibenden Speicherplatzes bekannt ist, kann der Wert auch anders abgespeichert werden:

1984 Adresse !

Damit ist dem neuen Wort "Name" eine Adresse zugeordnet, auf die der Wert "Wert" geschrieben wird. Im Gegensatz zur Variablenzuordnung ist bei Konstanten der Befehl {!} nicht nötig. Manche FORTH-

Versionen benötigen auch hier sofort die Eingabe des zugeordneten Konstantenwertes. Dies geschieht so:

CONSTANT Name
1234 ' Name !

Dadurch wird folgendes bewirkt:

Zuerst wird die Konstante "Name" definiert, als nächstes wird der zugeordnete Wert auf den Stapel geschoben. Der anschließende Befehl {!} ermittelt die Adresse des ihm folgenden Wortes (also "Name") und legt sie als TOS ab. {!} (store) speichert letztlich den 2OS (in diesem Fall 1234) auf der Adresse ab, die auf TOS steht. Ähnlich aber nicht gleich der Ausgabe einer Variablen verläuft der Abruf der Konstanten. Die Eingabe von

Name

genügt, um den unter der entsprechenden Adresse abgelegten Wert als TOS erscheinen zu lassen. Der Befehl {@} wird nicht benötigt.

Die Methode hat allerdings den Nachteil, daß man immer wissen muß, wo die Variable im Speicher steht, und vor allem, wo man sie hinschreiben darf, ohne das System zu stören. Sie ist auch für geübte Programmierer mit Vorsicht zu genießen. Das Auslesen eines Variablenwertes ist fast die Umkehrung des Abspeicherns.

Die Frage: ‚Welchen Wert hat die Variable "Jahr"'? stellt man folgendermaßen:

Jahr @

Sie bewirkt allerdings nur, daß der Wert von "Jahr" als TOS erscheint. Zum Ausdruck muß der Befehl erweitert werden:

Jahr @ .

Kurz zur Stapelorganisation: "Jahr" lädt die zugehörige Adresse als TOS, {@} liest den Wert aus der Adresse und ersetzt die Adresse als TOS, {.} gibt den Wert auf den Bildschirm und macht den Stapel frei.

Die Information auf dem Speicherplatz einer Variablen ist – der Name sagt es – veränderbar. Eine andere, unveränderliche Information, die im Speicher abgelegt werden kann, ist die Konstante. Konstanten werden üblicherweise zu Beginn eines Programms definiert mit Hilfe des Wortes {CONSTANT} in der Form:

Wert CONSTANT Name

Die meisten FORTH-Versionen verfügen über einen mehr oder weniger ausgedehnten Satz von vordefinierten Konstanten und Variablen.

- {BS} (backspace = Rücktaste) legt den Wert 32 auf den Stapel
- {SCR} heißt die vordefinierte Variable, die die Nummer des zuletzt editierten Blocks (screen) auf den Stapel schreibt.
- {S0} enthält die erste Speicheradresse des Stapels.

Manche FORTH-Versionen haben keinen Befehl, der die Anzahl der Elemente auf dem Stapel angibt. Er läßt sich aber leicht definieren, wobei wir annehmen, daß die Elemente alle eine Länge von 2 Byte haben:

```
: ANZAHL S0 @ SP @ - 2 / 1- ;
```

Damit wird die Anzahl der Elemente auf dem TOS abgelegt, ein angehängter Printbefehl {.} würde diesen Wert ausdrucken und den Stapel in der ursprünglichen Form zurücklassen.

Es existieren noch eine ganze Reihe vordefinierter Konstanten und Variablen so z. B. B/BUF, CONTEXT, DRIVE, FENCE, LIMIT, SHIFT, USE, und viele mehr. Diese Liste ließe sich beliebig verlängern. Die genauen Namen und Definitionen sind jedoch für die jeweiligen Dialekte z. T. verschieden und werden dort einzeln aufgeführt und erklärt. Das Prinzip ist immer das gleiche. Die Eingabe eines Namens bewirkt die Ablegung des dazugehörigen Wertes als TOS, wenn es sich um eine Konstante handelt, und die Ablegung der dazugehörigen Adresse, wenn "Name" eine Variable ist. Deren Wert muß dann mit Hilfe von {@} und evtl. {.} auf TOS bzw. Display gebracht werden.

Eine der besonderen Eigenschaften von FORTH ist die Möglichkeit, große Speicherbereiche mit einem einzigen Befehl zu manipulieren. Solche Befehle sind:

Verschieben des Speichers durch {CMOVE} bzw. {MOVE}
Verändern des Speichers durch {FILL}
Löschen des Speichers durch {ERASE} und
Ausgabe des Speicherinhaltes mit {CDUMP} und {TYPE}

Das Verschieben eines Speicherbereiches ist einfach. Die Eingabe des ersten zu verschiebenden Speicherplatzes, gefolgt von der neuen Startadresse, der Anzahl der zu verschiebenden Bytes und dem Wort {CMOVE}, veranlaßt diese Operation:

```
Altstart Neustart Bytezahl CMOVE
```

Hierzu die Stapelorganisation: Nach {CMOVE} steht "Bytezahl" als TOS, "Neustart" als 2OS "Altstart" als 3OS auf dem Stapel. Da

{CMOVE} von unten nach oben arbeitet, ist eine Speicherverschiebung nur möglich, wenn der Wert "Neustart" größer ist als "Altstart" plus "Bytezahl". Ist dieser Fall nicht gegeben, wird eine Speicherverschiebung nur über die Eigendefinition eines Wortes möglich, dessen Prozedur bei der Endadresse beginnend den Speicherblock verschiebt.

Das Wort {FILL} schreibt einen Wert in eine bestimmende Anzahl von Speicherplätzen:

```
Startadresse Anzahl Wert FILL
```

oder konkret

```
100 10 145 FILL
```

bedeutet also: Schreibe den Wert 145 zehnmal auf einen Speicherplatz ab Startadresse 100. Nach der Ausführung steht dann auf Speicherplatz 100–109 der Wert 145. Auch {FILL} arbeitet von unten nach oben, da aber keine Daten verschoben werden, ist ein vorzeitiges Überschreiben noch zu lesender Daten nicht zu befürchten.

Mit {FILL} können auch Speicherbereiche gelöscht werden, indem für "Wert" 0 eingesetzt wird. Eleganter ist dies jedoch mit dem Wort {ERASE} zu bewerkstelligen:

```
Startadresse Anzahl ERASE
```

löscht eine bestimmte Anzahl Bytes ab Startadresse.

Um einen begrenzten Speicherbereich auszudrucken, benutzt man das Wort {TYPE} in der gleichen Befehlsform wie {ERASE}. In manchen FORTH-Dialekten existiert noch der Befehl {CDUMP}. Er wird in gleicher Weise wie {TYPE} gebraucht. Der Unterschied zwischen beiden ist, {TYPE} gibt den ASCII-Wert der Speicherinhalte an, während {CDUMP} den numerischen Wert – normalerweise zur Basis 10 – ausliest.

{CDUMP} ist jedoch nicht Teil des FORTH-79 Standards und auch ohne Aussicht einer zu werden. Da dieser Befehl aber sehr nützlich ist, soll er hier definiert werden:

```
: CDUMP OVER + SWAP DO I C@ . LOOP ;
```

Der Befehl hat folgendes Eingabeformat:

```
Start Anzahl CDUMP
```

und druckt dann die "Anzahl" Bytes ab "Start" aus.

Da der Stapel jedoch normalerweise Elemente zu je 2 Bytes enthält, wäre auch die Definition des entsprechenden Befehls {DUMP} hilfreich.

Der Unterschied zwischen {DUMP} und {CDUMP} läßt sich am besten an einem Beispiel zeigen:

```
???FORTH Version 1.1
ok


1000 10 CDUMP <CR> 114 209 35 115 35 114 195 47
3 129 ok
1000 5 DUMP <CR> 53618 29475 29219 12227 33027 ok
```

Die Definition von {DUMP} geschieht folgendermaßen:

: DUMP 2 * OVER + SWAP DO I @ 2 +LOOP;

(Beide Definitionen können allerdings hier nicht erklärt werden, da bisher nicht behandelte Befehlsstrukturen verwendet werden mußten).

Obwohl die Verwendung von Konstanten und Variablen möglich ist, gehen „alte FORTH-Füchse" damit sehr sparsam um, da Zwischenspeicherung auch durch direkte Adressierung von Speicherplätzen möglich ist, ohne den Umweg der Namenszuordnung.

Die bisher vorgestellten Befehle {CMOVE}, {FILL}, {ERASE} und {TYPE} behandelten ganze Speicherblöcke.

Natürlich ist auch die Manipulation einzelner Speicherplätze in FORTH möglich, und zwar mit Hilfe von {@} und {!}. Die Eingabe von

Name @

bewirkt zuerst das Ablegen der zu "Name" gehörigen Adresse als TOS und nach {@} den entsprechenden Wert von "Name". Ähnlich arbeitet {!}.

Wert Name !

schreibt zwei Werte auf den Stapel. Zuerst den abzuspeichernden Wert, dann die zugehörige Adresse. {!} speichert den Wert auf der Adresse ab und nimmt beide vom Stapel.

Ein weiterer Befehl ist {?}. Er arbeitet wie {@} und {!} mit 2 byte = 16-bit Speicherplätzen, und ist zusammengesetzt aus {@} und {.}. Dieser Befehl holt also einen Wert aus dem Speicher und druckt ihn aus. Zur Manipulation von 8- oder 32-bit-Worten dienen Präfix C für 8-bit bezogene und Präfix 2 für 32-bit bezogene Befehle, d. h. {C@} liest ein einziges Byte (8 bit) aus einem Speicherplatz, {2!} speichert ein 4-Byte-Wort (32 bit) ab.

Der letzte Befehl, {2!}, soll zum besseren Verständnis noch einmal eingehend behandelt werden.

Angenommen, am Beginn des Speicherbereichs, der beschrieben werden soll, stehen folgende sechs Werte:

```
BYTE  00 01 02 03 04 05
WERT  00 32 12 34 12 23
```

Nun folgt die Eingabe:

```
5. 0  2!  <CR>
```

Der fortgeschrittene Leser müßte diese Befehlsfolge als – „speichere die Zahl 5 im 4-Byte-Format bei Speicherplatz 0 beginnend ab“ – erkennen können.

Nach der Durchführung sieht der entsprechende Speicherbereich so aus:

```
BYTE  00 01 02 03 04 05
WERT  00 00 05 00 12 23
```

Das liegt daran, daß FORTH zwar das höherwertige Bytepaar zuerst abspeichert, innerhalb eines Bytepaares aber das niederwertige Byte, gemäß der üblichen Prozessororganisation, zuerst wegschreibt. Nach der ersten Eingabe könnte nun eine zweite folgen, die ab Speicherplatz 01 einen weiteren Wert speichert. Obwohl damit der erste Wert zerstört wird, reagiert FORTH auf diese Eingabe nicht mit einer Fehlermeldung. Der Programmierer ist also gehalten, den richtigen Speicherbereich selbst zu bestimmen.

Der Ausdruck von Speicherplatzinhalten verläuft ganz ähnlich. Die Befehlsfolge {Adresse C EMIT} würde den Wert auf "Adresse" abrufen und als ASCII-Zeichen ausdrucken. Sie muß jedoch nicht vom Programmierer definiert werden, sondern ist bereits als {TYPE} im Grundwortschatz implementiert. {TYPE} erwartet zwei Zahlen auf dem Stapel wobei 2OS als Startadresse und TOS als Anzahl der auszugebenden Bytes interpretiert werden. {545 23 TYPE} druckt also 23 Byte als ASCII-Zeichen ab Speicherplatz 545 aus.

Für diejenigen, die in der Fülle der Information über Speicher-Manipulationen den Überblick verloren haben, ist hier eine Zusammenfassung.

Es gibt vier grundsätzliche Arten der Speichermanipulation:

- über Variablen,
- über Konstanten,
- durch blockweises Verändern von Speicherbereichen oder
- durch Aufruf einzelner Speicherplätze.
- Die Befehle zum Abrufen in verschiedenen Formaten lauten:
  {C@}, {@}, {2@}

Entsprechend wird mit {C!}, {!}, und {2!} abgespeichert. Von den vielen vordefinierten Konstanten und Variablen wurden {BS}, {BL}, {SCR} und {SP} sowie {S0} genannt. Weitere sind aus den jeweiligen FORTH-Handbüchern zu entnehmen. Die Befehle zur blockweisen Speichermanipulation sind {MOVE} bzw. {CMOVE}, {FILL}, {ERASE} und {TYPE}. Selbst definiert wurden in diesem Zusammenhang die Befehle {CDUMP} bzw. {DUMP}.

8
Logische Verknüpfungen

Addition, Subtraktion, Multiplikation und Division sind nicht die einzigen mathematischen Operationen, die FORTH beherrscht. Auch Boolesche Verknüpfungen sind möglich, benannt nach George Boole (1815–1864), der das erste vollständige Konzept wahrer und falscher Aussagen in der Mathenatik erstellte. Diese Verknüpfungen, oft auch „logische Operationen" genannt, vergleichen den Wahrheitswert von Aussagen, in dem sie ihnen entweder den Wert "0" für falsch oder "1" für wahr zuweisen (oft auch jeden von 0 verschiedenen positiven Wert).

Die oft zitierten Flags (Zeroflag, Carryflag etc.) sind Boolesche Werte, d. h. ihr Wert kann 0 oder 1 sein. Hat z. B. bei einer Addition zweier Zahlen ein Übertrag stattgefunden, wird der Carryflag auf "1" gesetzt.

Außerdem wird die Unterscheidung zwischen falsch und wahr beim Programmieren benutzt, um die wahlweise Abarbeitung von Programmteilen zu ermöglichen, je nach den vorgegebenen Bedingungen, zum Beispiel:

Wenn x wahr ist, tue dies
Wenn x falsch ist, tue jenes

Diese Art der Programmierung wurde früher „bedingte Ausführung" genannt, weil ein bestimmter Programmteil ausgeführt wird, wenn eine vorgegebene Bedingung wahr ist.

Programmkontrollstrukturen (einschließlich der bedingten Ausführung) werden im nächsten Kapitel behandelt. Hier soll nur erklärt werden, wie die Entscheidungen in den Kontrollstrukturen getroffen werden. Grundsätzlich wird ein Wert vom Stapel mit einem bestimmten anderen Wert verglichen. Hierbei gibt es nun mehrere logische Möglichkeiten:

die erste Zahl kann kleiner, größer oder gleich der zweiten sein. Dies wird in FORTH durch die Befehle

```
kleiner als  <
größer als   >
gleich       =
```

wiedergegeben. Selbstverständlich erfolgt auch diese Verknüpfung zweier Werte wieder nachgestellt. Diese Eingabe:

```
6 9 < .
```

läßt auf dem Bildschirm eine 1 erscheinen, wodurch ausgedrückt wird, daß die logische Abfrage – "ist 6 kleiner als 9?" – als wahr erkannt wurde. Allgemein heißt diese Abfrage: Ist 2OS größer, kleiner oder gleich dem TOS?

Es existieren noch weitere logische Verknüpfungen:

```
größer als Null   0>
kleiner als Null  0<
gleich Null       0=
```

Sollten diese Befehle nicht vorgesehen sein, können sie leicht selbst definiert werden:

```
: 0< 0 <;
```

u.s.w.

Diese Definitionen sind besonders nützlich, wenn das Ergebnis einer langen Berechnung den weiteren Programmablauf bestimmen soll (je nach dem, ob das Ergebnis größer oder kleiner als Null ist). Der Befehl {0 =} nimmt dabei eine zusätzliche besondere Stellung ein. Da hier untersucht wird, ob ein Flag gleich Null ist (die hiermit verbundene Aussage also unwahr), wird der Flag revertiert. Im zutreffenden Fall wird aus 1 eine 0, im anderen Fall aus 0 eine 1. Dies entspricht der logischen Funktion "NICHT".

Andere logische Operationen, wie

```
größer als oder gleich  >=
kleiner als oder gleich <=    und
ungleich                < >
```

können – wenn nicht vorhanden – ebenfalls selbst definiert werden.

```
: >= 2DUP > ROT ROT = = 0= ;
: <= 2DUP < ROT ROT = = 0= ;
: < > = 0= ;
```

Computer arbeiten häufig mit internen Laufvariablen, d. h. ein Vorgang wird ständig wiederholt und dabei wird der Wert eines Zählers jedesmal um 1 erhöht bis ein bestimmter Wert erreicht ist oder jedesmal um 1 erniedrigt bis der Zählerstand gleich 0 ist. Hierfür existieren die Befehle { 1+} und { 1–} . Einige FORTH-Versionen verfügen noch über Befehle zur Addition, Subtraktion, Multiplikation und Division des Stapels durch 2, also:

{2+}, {2–}, {2*} und {2/}

Für alle anderen Operationen, wie Addition eines bestimmten Wertes zu einem bereits abgespeicherten, gilt die übliche Prozedur

```
Name @  Wert  +  Name  !
```

In manchen FORTH-Dialekten läßt sich diese 2-Schrittoperation (1. Abrufen, 2. Addieren und Wegspeichern) verkürzen

```
Wert  Name  +!
```

Hierdurch wird der Wert zu dem unter „Name“ abgespeicherten addiert und wieder dort abgelegt.

Einer der Hauptnachteile von FORTH für Anfänger ist das Fehlen der Fließkommaarithmetik. Wenn es nur um das Addieren und Subtrahieren von Zahlen geht, ist das kein großes Problem; die Operation wird wie üblich ausgeführt und der Dezimalpunkt wird bei der Darstellung des Ergebnisses eingefügt. Zum Beispiel bei der Addition von 32.45 und 27:

```
???FORTH Version 1.1
ok

32.45 <CR> ok
27.00 <CR> ok
D+ <CR> ok
<###ASCII . HOLD #s #> TYPE <CR> 59.45 ok
```

Denjenigen, die die letzte Eingabe nicht verstanden haben, sei gesagt, daß es sich um eine Formatierungsanweisung handelt, durch die Zahlen mit zwei Stellen hinter dem Komma dargestellt werden.

Man könnte das durch ein FORTH-Wort {FESTKOMMA} definieren,

```
: FESTKOMMA D+ <# # # ASCII . HOLD #s #> TYPE ;
```

Der Befehl benötigt zwei 4-byte Zahlen auf dem Stapel, die addiert werden. Der Dezimalpunkt wird nachträglich zwischen die zweite und dritte Stelle eingefügt. Deshalb ist die Funktion nicht sehr komfortabel; die beiden zu addierenden Zahlen müssen die gleiche Anzahl von Stellen haben, andernfalls die kleinere durch Voranstellen von Nullen angeglichen werden muß. Der hier vorgestellte Befehl soll auch nur zeigen, daß zumindest Addition, Subtraktion und Multiplikation von formatierten Zahlen mit nur geringem Aufwand möglich ist. Die Division von Dezimalbrüchen ist schwieriger, da bei einer normalen Division nur der ganzzahlige Quotient, nicht aber der Teilungsrest erhalten bleibt. In FORTH existiert jedoch ein zweiter Befehl {MOD}, der 2OS durch TOS teilt und den Teilungsrest (genannt modulo) als neuen TOS speichert.

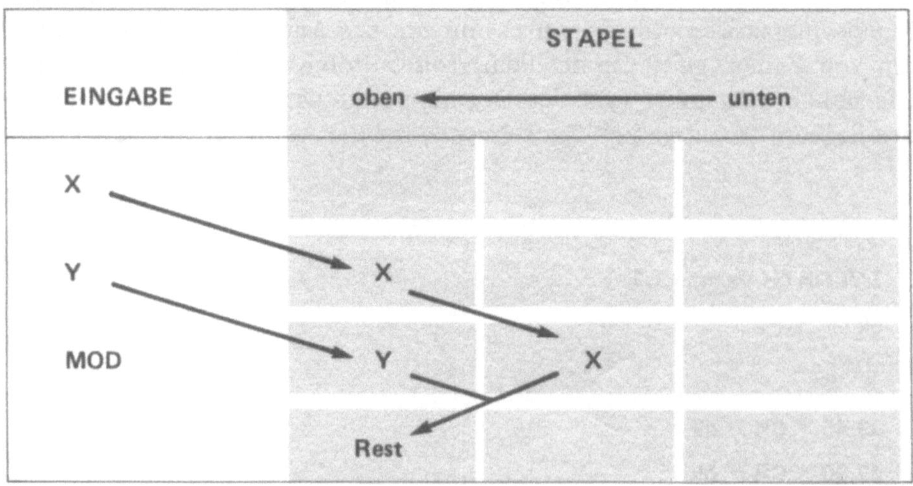

Für die Dezimalbruchdivision müssen deshalb beide Prozeduren {/} und {MOD} geeignet miteinander verknüpft werden. Obwohl die Kommaarithmetik ursprünglich nicht in FORTH vorgesehen war, ist eine nachträgliche Implementierung jederzeit möglich. Sie soll in diesem Buch jedoch nicht weiter besprochen werden.

Zusammenfassung

Wahre und falsche Aussagen werden vom Computer durch das Setzen und Löschen von Flags ausgedrückt, wobei der Wert 1 für wahr und 0 für falsch steht.

Flags, auch Boole'sche Werte genannt, werden unter anderem bei der bedingten Programmausführung benutzt.

Auch bei den Vergleichen: {<} (kleiner als), {>} (größer als), {=} (gleich) werden Flags gesetzt. Das gleiche gilt für: {0>} (größer Null), {0<} (kleiner Null), {0=} (gleich Null).

Außerdem existieren Sonderbefehle für die Inkrementierung {1+}, {2+} und Dekrementierung {1–}, {2–} von Variablen, sowie für die Addition einer Zahl zu einem abgespeicherten Wert {+!}.

FORTH erlaubt die Manipulation von Festkommazahlen. Der Befehl {MOD} wird bei der Division solcher Zahlen benutzt.

9
Kontrollstrukturen

Die einfachste Kontrollstruktur ist die ständige Wiederholung einer Operation. In FORTH geschieht das durch die Befehle {DO} und {LOOP} innerhalb einer Doppelpunktdefinition. Jeder Befehl zwischen diesen beiden wird so oft durchgeführt wie vorher angegeben. {DO} und {LOOP} bilden eine sogenannte „indizierte Schleife" d. h. Startwert und Endwert der Schleife werden vorher festgelegt und der jeweilige Schleifenwert kann für Berechnungen verwendet werden.
Die allgemeine Form lautet:

```
Endwert+1  Startwert  DO Befehl LOOP
```

Da die Schleife immer in einer Doppelpunktdefinition stehen muß, wäre ein konkretes Beispiel

```
: ELF  3  1  DO  1  .  LOOP  ;
```

Der Befehl {ELF} schreibt zweimal eine 1 auf den Bildschirm. Start- und Endwert müssen aber nicht innerhalb der Doppelpunktdefinition stehen. FORTH nimmt den TOS als Startwert und den 2OS als Endwert. Dadurch läßt sich die Definition für beliebige Sequenzen verwenden. Es sollen z. B. nacheinander die Zahlen von 1 bis 5 und von 2 bis 10 ausgedruckt werden.

```
???FORTH Version 1.1
ok

 : ZAHLEN DO I . LOOP ; <CR> ok
 6 1 ZAHLEN <CR> 1 2 3 4 5 ok
11 2 ZAHLEN <CR> 2 3 4 5 6 7 8 9 10 ok
```

In der Doppelpunktdefinition wurde das Wort {I} neu eingefügt. {I} bewirkt die Ablage des aktuellen Laufvariablenwertes auf dem TOS, {I .} druckt diesen Wert bei jedem Schleifendurchlauf aus. Die Werte 6 und 1 bzw. 11 und 2 müssen dabei nicht vor dem Befehl {ZAHLEN} eingegeben werden, sie können auch Ergebnisse vorhergehender Operationen sein. Wichtig ist nur, daß sie vor Abarbeitung des Befehls {ZAHLEN} auf TOS und 2OS stehen.

Die Benutzung einer Laufvariablen I (auch Indexpointer genannt) bringt viele Vorteile. Dadurch, daß der Indexpointer als TOS abgelegt wird, kann er für Berechnungen herangezogen werden. Als Beispiel sollen die Quadrate der Zahlen von 1 bis 10 berechnet werden.

```
???FORTH Version 1.1
ok

 : QUADRATE DO I DUP * . LOOP ; <CR> ok
11 1 QUADRATE <CR> 1 4 9 16 25 36 49 64 81 100 ok
```

Dabei geschieht während jedes Schleifendurchlaufs auf dem Stapel folgendes:

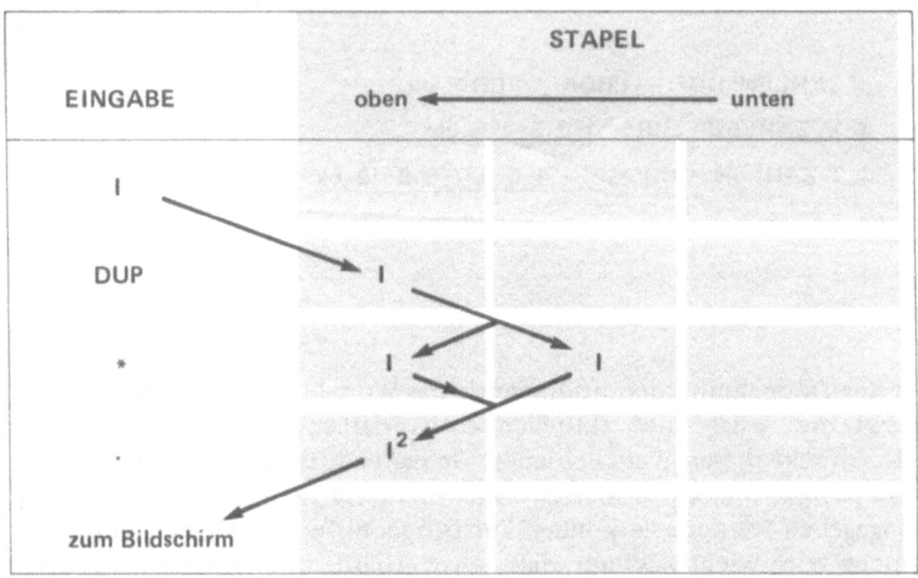

Zu beachten ist, daß die eingegebene Befehlsfolge keinerlei vorgegebene Werte auf dem Stapel benötigt und nach Beendigung auch nichts auf dem Stapel zurück läßt. Das gilt nicht für alle Routinen, es gibt auch solche, die Werte vom Stapel nehmen oder welche hinzufügen.

Dies muß auf jeden Fall bei der Erstellung eines Programms berücksichtigt werden.

Die oben vorgestellte Form der indizierten Schleife nahm als Schrittweite automatisch +1 an, d. h. der Wert des Indexpointers wurde bei jedem Durchlauf um eins erhöht. Das muß nicht so sein. Der Befehl {DO} zusammen mit {+LOOP} gestattet die Einführung jeder ganzzahligen positiven und negativen Schrittweite. Die allgemeine Form dieser Befehlsfolge lautet:

DO Befehle Schrittweite +LOOP

Auch sie kann nur innerhalb einer Doppelpunktdefinition stehen.

Man könnte also ein Wort {COUNTDOWN} definieren, das eine beliebige Zahlenfolge rückwärts zählt.

```
???FORTH Version 1.1
ok

: COUNTDOWN DO I . -1 +LOOP ; <CR> ok
0 10 COUNTDOWN <CR> 10 9 8 7 6 5 4 3 2 1 ok
```

Da nun rückwärts gezählt wird, muß der Startwert natürlich größer gewählt werden als der Endwert, anderenfalls erfolgt jedoch keine Fehlermeldung; der Computer druckt eine **0** aus und meldet sich mit **ok**.

Die bedingte Befehlsausführung wurde bereits im letzten Kapitel erwähnt und soll nun etwas eingehender behandelt werden. Bedingte Befehlsausführung heißt, wenn eine gestellte Bedingung zutrifft, läuft eine bestimmte Befehlsfolge ab.

Beispiel:

Wenn ich im Lotto gewinne, mache ich Urlaub in Rio.

Die Ausführung bedingter Befehle benötigt immer die Existenz eines Booleschen Wertes oder Flags auf dem TOS. Die allgemeine Befehlsform lautet:

IF (Bedingung wahr) Befehlsfolge THEN oder
IF (Bedingung wahr) Befehlsfolge ENDIF

Wenn die Bedingung falsch ist, wird die Ausführung hinter {THEN} abgebrochen. Genau wie {DO} – {LOOP} kann {IF} – {THEN} nur in Doppelpunktdefinitionen verwendet werden.
Die bedingte Befehlsausführung kann sogar noch erweitert werden:

Wenn ich im Lotto gewinne, mache ich Urlaub in Rio.
Wenn nicht, bleibe ich zuhause.

Jetzt sind zwei Befehlsfolgen festgelegt und die Entscheidung welche ausgeführt wird, hängt nur vom Lottogewinn ab.

Diese zweifach bedingte Befehlsausführung hat in FORTH die allgemeine Form:

IF Befehlsfolge1 ELSE Befehlsfolge2 THEN

Befehlsfolge 1 wird ausgeführt wenn der TOS > 0,d.h. der Flag als „wahr" erkannt wurde; Befehlsfolge 2 kommt zur Ausführung, wenn der TOS den Wert 0 hat.

Selbstverständlich können bedingte Befehle ineinander verschachtelt werden.

IF IF Befehl ELSE Befehl THEN ELSE Befehl THEN

ist eine korrekte Programmstruktur. Es muß nur darauf geachtet werden, daß sich jede {IF} – {ELSE} – {THEN}-Struktur immer vollständig innerhalb der nächstäußeren befindet, und daß sich für jedes {IF} ein Flag auf dem Stapel befindet.

Verschachtelte Programmstrukturen lassen sich in der Horizontalen sehr schlecht veranschaulichen. Der vertikale Aufbau ist besser:

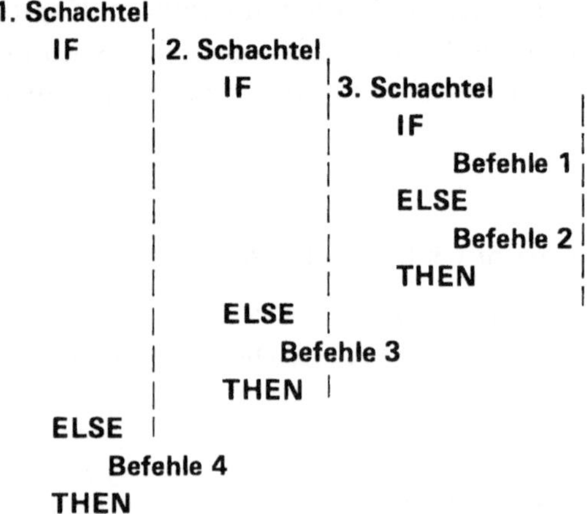

{IF} ermöglicht es, Programme zu erstellen, in denen der Computer je nach den vorliegenden Bedingungen seine Entscheidungen trifft. Diese Entscheidungen sind natürlich keine „intelligenten" Handlungen, sie ermöglichen aber die Auswahl der jeweils richtigen Prozedur unter einer vorgegebenen Menge, und damit eine flexible Anpassung des Programmablaufs an veränderliche äußere Bedingungen.

Eine weitere bedingte Befehlsfunktion ist { BEGIN}. {BEGIN} wird in drei verschiedenen Befehlsstrukturen verwendet:

1) BEGIN Befehle AGAIN

ist eigentlich eine unbedingte Befehlsanweisung; es entsteht eine unendliche Schleife, die nur mit einem Terminator zu unterbrechen ist, z. B. {BYE} oder {EXIT}. Manche FORTH-Dialekte nehmen hier allerdings den Rücksprung ins Betriebssystem vor, so daß das FORTH-Programm mit {COLD} für den Programmneustart oder {WARM} für den Wiedereinsprung neu begonnen werden muß. Außerdem existieren noch {QUIT} und {ABORT}; die jeweiligen Programmhandbücher geben über die richtige Verwendung der Befehle im entsprechenden FORTH-Dialekt Auskunft

2) BEGIN Befehle Flag UNTIL

"Flag" wird natürlich nicht eingegeben, sondern muß beim Abarbeiten der Schleife auf dem Stapel präsent sein. Die Schleife wird solange wiederholt, wie der Wert des Flags "falsch" ist.

3) BEGIN Befehle Flag WHILE (Befehle) REPEAT

Diese Art der Befehlsstruktur erlaubt einen Aussprungtest mitten in der Schleife, wobei die Schleife so lange durchlaufen wird, wie Flag "wahr" ist. Wenn Flag "falsch" wird, springt das Programm sofort zu dem nach {REPEAT} folgenden Befehl. Statt am Anfang, gleich nach {BEGIN}, kann die Befehlsfolge auch nach dem Flagtest ablaufen, wie durch (Befehle) angedeutet werden sollte. Dies ist der Hauptunterschied zu {BEGIN} – {UNTIL}, wo der Flagtest immer am Ende der Schleife erfolgen muß.

Die hier aufgeführten Kontrollstrukturen lassen sich auch beliebig verknüpfen. So ist in vielen Dialekten der Befehl {CASE} vorhanden, der aus Pascal mit identischer Funktion übernommen wurde. {CASE} erlaubt die vielfache Verzweigung eines Programms in einzelne Prozeduren. Der Wert des TOS bestimmt dabei, welche der Prozeduren abgearbeitet wird. Wer diesen Befehl im Wortschatz seines FORTH-Programms vorfindet, kann die vielfältigen Möglichkeiten gründlich studieren, die {CASE} dem Benutzer bietet.

Programme werden in FORTH, wie in anderen Computersprachen auch, im wesentlichen durch die Kontrollstrukturen gebildet. Ihr Einfluß sollte deshalb nicht unterschätzt werden. Im obigen Kapitel wurden die wichtigsten vorgestellt.

- {DO} – {LOOP}, zwischen {DO} und {LOOP} wird eine bestimmte Befehlsfolge so oft ausgeführt, wie durch TOS und 2OS angegeben; der Wert der Laufvariablen der Schleife erhöht sich dabei jedesmal um +1.

- {DO} – {+LOOP} ist mit der ersten Befehlsfolge fast identisch, erlaubt aber die Veränderung der Laufvariablen um Werte < > +1 (auch negative).
- {I} setzt den Momentanwert der Laufvariablen als TOS.
- {IF} – {THEN} führt eine Bedingung aus, wenn der auf TOS stehende Flag gleich 1 ist.
- {IF} – {ELSE} – {THEN} führt die Befehle vor {ELSE} aus, wenn der gesetzte Flag = 1 und die Befehle vor {THEN}, wenn der Flag = 0 ist.
- {BEGIN} – {AGAIN} ist eine unendliche Schleife, die nur durch einen Aussprungbefehl wie {BYE} oder {EXIT} verlassen werden kann.
- {BEGIN} – {UNTIL} führt die angegebenen Befehle solange aus, bis der Flag auf TOS 'wahr' ist.
- {BEGIN} – {WHILE} – {REPEAT} arbeitet alle Befehle zwischen {BEGIN} und {REPEAT} ab, bis der Flag = 0 ist, und springt dann von {WHILE} zum ersten Befehl hinter {REPEAT}.

10
Ein- und Ausgabe

In den letzten Kapiteln sind bereits einige Befehle behandelt worden, die eine Ein- oder Ausgabe von Werten auf dem Bildschirm bewirken. {.} (Print) und {EMIT} geben den numerischen bzw. ASCII-Wert des TOS an, {KEY} erwartet eine einzelne Zeicheneingabe.

Es gibt jedoch noch weitere Befehle für die Ein- und Ausgabe. Der Ausdruck langer Zeichenketten – eines Satzes z. B. – durch {EMIT} wäre eine mühselige Angelegenheit. Analog zu BASIC, wo eine Zeichenkette durch

```
PRINT " xxxxxx "
```

ausgedruckt wird, existiert in FORTH der Befehl {."}. Das Ende der Zeichenkette wird, wie in BASIC, durch {"} markiert. Entsprechend gibt es auch einen Befehl zur Eingabe einer Zeichenkette. {EXPECT} erwartet eine Speicheradresse und die Anzahl von abzuspeichernden Zeichen auf dem Stapel.

```
16000 13 EXPECT
```

heißt also, daß ab Adresse 16000 die nächsten 13 Zeichen abgespeichert werden sollen. Um die Länge des Eingabestrings aber nicht vorher bestimmen zu müssen, akzeptiert {EXPECT} den ASCII-Wert 13 (den Code für <**CR**> siehe Anhang) als Terminator und bricht die Eingabe an dieser Stelle ab. Die Ausgabe dieses Strings erfolgt dann mit {TYPE}.

```
16000 13 TYPE
```

liest also die eben abgespeicherte Zeichenkette wieder aus.

Terminals für Heimcomputer verfügen über verschiedene Steuerbefehle wie ganz oder teilweises Löschen des Bildschirms, hervorgehobene oder inverse Zeichendarstellung, freie Cursorbewegung und Befehle zur Farbdarstellung und Tonerzeugung. Auch wenn nicht jede FORTH-Version alle diese Manipulationsmöglichkeiten beherrscht, sollten doch wenigstens folgende vier Funktionen impliziert sein:

1. Löschen des Bildschirms
2. Freie Cursorbewegung
3. Inversdarstellung und
4. Hervorgehobene Darstellung.

Ist dies nicht der Fall, kann die entsprechende Funktion natürlich selbst erzeugt werden, dazu sind aber genaueste Kenntnisse der Computerorganisation nötig, die sogar bei Maschinen mit gleichem Prozessor unterschiedlich ist.

Normalerweise haben 8-bit Computer 256 Input- und Output-Ports, I/O ports genannt. Viele davon sind jedoch intern belegt, z. B. für die Ansteuerung des Printers oder des Kassettenrecorders. Alle diese Ports werden durch zwei verschiedene Befehle angesteuert bzw. abgefragt. {P@} (manchmal auch {INP}) liest den am Port anstehenden Wert, {P!} (oder auch {OUTP}) schickt einen Wert zum adressierten Port. Um den Wert von I/O Port 4 zu lesen, lautet der Befehl also:

```
4 P@
13 4 P!
```

schickt den Code 13 (<**CR**>) zum Port 4.

Manche Computer benutzen jedoch überhaupt keine Ports, sondern Speicherplätze, die wie Ports adressiert werden (sog. memory mapped I/O). Für diese Computer lassen sich entsprechende Befehle definieren:

```
: P! Adresse C! ;
: P@ Adresse C@  ;
```

Damit laufen Programme mit den entsprechenden Befehlen auch auf 'memory mapped' Computern.

Ein weiteres Problem der Heimcomputer ist der begrenzte Speicherplatz. 8-bit Computer können normalerweise nur 64k-byte Speicherplatz direkt adressieren. Es besteht zwar die Möglichkeit des 'bank switchings', die meisten Computersprachen und Betriebssysteme sind aber dann nicht in der Lage, die einzelnen Speicherblöcke zu handhaben. Eine Lösung dieses Problems bietet die Verwendung des 'virtuellen Speicherkonzeptes'. Virtueller Speicher bedeutet nichts anderes, als den Ersatz eines Speicherbereichs durch ein Disketten- oder Kassettenlaufwerk. Dadurch, daß jeweils ein kleiner Speicherbereich von und auf Diskette oder Kassette geladen wird, kann der gesamte Speicherplatz einer oder zweier Disketten scheinbar direkt adressiert werden. Dieses Speicherverwaltungssystem wird von FORTH unterstützt.

Sowohl für Disketten- als auch für Kassettenmanipulation existieren die jeweiligen Befehle. Dabei behandelt FORTH die Disketten oft völlig anders als das BASIC-DOS.

1024 bytes (1kbyte) sind jeweils zu einem Block zusammengefaßt und werden gemeinsam eingelesen und weggeschrieben. Dies geschieht mit Hilfe eines besonderen reservierten Zwischenspeichers, Puffer genannt, über den die Blöcke als Einheit behandelt werden. Auf Diskette werden diese Blöcke durchnumeriert abgespeichert.

Außerdem ist jeder Block unterteilt in 16 Zeilen zu je 64 Zeichen. Diese können nur innerhalb des Blocks editiert werden, wobei der Editor nicht eigentlich Teil des FORTH-Programms ist, sondern als Programmierhilfe hinzugefügt wurde.

Wie bereits erwähnt, können die FORTH-Fehlermeldungen vom Benutzer geändert werden. Der Grund dafür ist, daß diese Fehlermeldungen nicht in einem ROM, sondern auf Band oder Diskette abgespeichert sind, und damit ins RAM geladen werden.

Normalerweise heißt das, daß die ersten beiden Blöcke – auch "screens" genannt – für die Fehlermeldungen reserviert sind. Selbst eingeführte Fehlermeldungen sollten auf den direkt folgenden Blöcken während des Programmierens abgelegt werden. Jede Fehlermeldung kann dabei 64 Zeichen lang sein, und es hat gar keinen Sinn die Meldungen bis zur Unverständlichkeit abzukürzen. Das System hält diese 64 bytes pro Meldung auf jeden Fall frei, ob sie nun gebraucht werden oder nicht. Zudem kann jeder Block bis zu 16 Meldungen aufnehmen, wobei die oberste Zeile jedes Blocks gewöhnlich für einen Kommentar zum nachfolgenden Screen reserviert wird. Die Zeilen der Screens werden fortlaufend durchnumeriert, beginnend bei 0–15 für den ersten, 16–31 für den zweiten, 32–47 für den dritten u.s.w.

Jedem Fehler, der beim Kompilieren gefunden wird, wird eine Fehlernummer zugeordnet, die entweder alleine oder gemeinsam mit der Fehlermeldung ausgedruckt wird. Eine Auflistung der verschiedenen Fehler ist im Anhang zu finden. Dabei fällt sofort auf, daß nicht übermäßig viele Fehlerarten entdeckt und angezeigt werden. Der Compiler kann ein Programm also ohne weiteres akzeptieren, ohne daß es auch wirklich läuft.

CP/M-fähige Computer speichern ihre Fehlermeldungen nicht auf Block 0 und 1 ab, weil dort das CP/M System- und Programminhaltsverzeichnis abgelegt sind. Sie verwenden dafür meistens die Blöcke 4 und folgende.

FORTH unterstützt, wie bereits erwähnt, viele Disketten- oder Kassettenmanipulationen. Allerdings existiert kein richtiger Standard, so daß der Benutzer das jeweilige Handbuch zu Rate ziehen muß, um die genaue Funktion eines Befehls zu ergründen. Es ist Vorsicht bei der Benutzung dieser Befehle geboten, denn der Versuch nicht vorhandene Dateien einzulesen oder den falschen Massenspeicher anzusprechen kann zum Systemabsturz führen. {BLOCK} z. B. überträgt einen Datenblock von der Diskette in den Zwischenspeicher und legt die erste Speicheradresse als TOS ab. Die Befehlsfolge

```
79 BLOCK 1024 TYPE
```

überträgt Block 79 und gibt dann die ersten 1024 Zeichen des Blocks (also alles) auf den Bildschirm aus.

Nach der Übertragung kann mit Hilfe der EDITOR-Funktion der Block beliebig verändert werden. Um nun zurück auf die Diskette zu speichern, wird der bearbeitete Block durch {UPDATE} markiert. {UPDATE} benötigt kein Argument, sondern es wird angenommen, daß der Block, auf den der letzte Zugriff erfolgte, gemeint ist. {UPDATE} schreibt den Block jedoch nur dann auf die Diskette zurück, wenn der Zwischenspeicher für die Aufnahme neuer Daten benötigt wird. In allen anderen Fällen wird mit {SAVET}, {FLUSH} oder {SAVE-BUFFERS} der Zwischenspeicherinhalt auf Kassette bzw. Diskette geschrieben. Viele FORTH-Versionen verfügen noch über die Befehle {EMPTY-BUFFERS} zum Freimachen von Speicherplatz und {BLK}, eine Variable, die die Nummer des abgerufenen Blocks speichert.

Zur Zusammenfassung:

- Zeichenketten werden in FORTH mit Hilfe von {."} ausgegeben und mit {"} abgeschlossen.
- Die Eingabe langer Zeichenketten erfolgt durch {EXPECT}. FORTH speichert Informationen auf Diskette oder Kassette in Form von Blöcken ab, bestehend aus 16 Zeilen à 64 Zeichen.
- Die Fehlermeldungen sind meistens auf den ersten freien Blöcken abgespeichert.

Grundlegende Eingabe/Ausgabebefehle sind:

- {BLOCK} zum Transfer eines Blocks von der Diskette in den Speicher;
- {UPDATE} markiert einen Block als "verändert"
- {BLK} speichert die Nummer des zuletzt bearbeiteten Blocks
- {FLUSH} oder {SAVE-BUFFERS} schreibt sämtliche Zwischenspeicherinhalte auf Diskette
- {EMPTY-BUFFERS} löscht alle Zwischenspeicher

11
Programmieren in FORTH

FORTH speichert Informationen auf Diskette in Form von Blöcken à 1024 Zeichen, aufgeteilt in 16 Zeilen à 64 Zeichen. Dies rührt daher, daß die ersten Bildschirme genau 16 Zeilen mit je 64 Zeichen darstellen konnten. Deshalb werden diese Blöcke auch "screens" oder "pages" genannt. Da ein "screen" den gesamten Bildschirm ausfüllt, wurden die Hilfsprogramme zur Erstellung und Veränderung dieser "screens" – genannt Editor – auf die Kbyte-weise Manipulation der Information ausgelegt. Wer programmieren will, muß also die Wirkungsweise und Möglichkeiten des Editors kennenlernen. Unglücklicherweise sind jedoch die Befehle in verschiedenen Versionen nicht identisch, obwohl das Arbeitsprinzip immer das gleiche ist.

Als erstes erfolgt der Aufruf des Editors durch {EDITOR}. Damit werden alle editor-spezifischen Befehle zugänglich. Danach kommt die Eingabe der gewünschten Blocknummer mit {BLOCK}. Der Block wird eingelesen und dann bearbeitet, d.h. mit Doppelpunktdefinitionen beschrieben, die in der eingegebenen Reihenfolge auch später abgearbeitet werden. Aber auch Kommentare enthält der Block, eingeschlossen in Klammern ( ); dabei ist völlig gleich, wo diese Klammer steht, sie ist sogar innerhalb von Doppelpunktdefinitionen erlaubt. Der Grund dafür ist, daß der gesamte Klammerinhalt vom Compiler ignoriert wird. Dies gilt allerdings nur unter zwei Voraussetzungen:

1. die linke Klammer muß auf jeden Fall durch einen Blank vom nachfolgenden Kommentar getrennt sein und
2. eine rechte Klammer darf immer nur nach einer linken folgen.

Es gibt noch einige andere Programmhilfen. Der Befehl {INDEX} z.B. listet die jeweils oberste Zeile des Blocks. Es ist deshalb empfehlenswert, diese Zeile immer mit einem Kommentar zu versehen, der über die Aufgabe des Screens Auskunft gibt. Beispiel:

```
???FORTH Version 1.1
ok


  1 10 INDEX <CR>
  1 (FORTH Fehlermeldungen)
  2 (FORTH Fehlermeldungen)
  3 (reserviert)
  4 (reserviert)
  5 (Bildschirm-Definitionen)
  6 (Printer-Definitionen)
  7
  8
  9 (Das erste Programm)
 10 (Fortsetzung von 9) ok
```

Das Beispiel zeigt, daß Block 7 und 8 noch frei sind. Die fortlaufenden Zahlen am Zeilenanfang werden von der Routine "INDEX" erzeugt und stammen nicht aus den jeweiligen Blöcken. Es ist selbstverständlich möglich, in die oberste Zeile eines Blocks auch eine Doppelpunktdefinition zu setzen. Das wäre aber nur dann sinnvoll, wenn aus dieser Definition auch der restliche Inhalt des betreffenden Blocks hervorging. Natürlich existiert auch ein Befehl, der den gesamten Block darstellt. {LIST} nach Eingabe der Blocknummer schreibt den Inhalt des entsprechenden Blocks auf den Bildschirm.

Wenn ein "Screen" erstellt wird, gilt es gewisse Regeln zu beachten.

1. Die Anzahl von Trennzeichen (Blanks oder **<CR>**) zwischen FORTH-Wörtern ist unbegrenzt. Sie werden gern benutzt um einen Programmablauf übersichtlich zu gestalten.
2. Kommentare dürfen an jeder Stelle des "Screens" stehen, sie werden nicht kompiliert.

3. Jedes Wort, das in einer Doppelpunktdefinition auftaucht, muß entweder Bestandteil des Grundwortschatzes oder des selbsterstellten Erweiterungswortschatzes sein.
4. Definitionen sollten kurz gefaßt sein, je kürzer desto besser. Das erleichtert auch später noch das Verständnis und verhindert eine Doppelbelegung von Definitionen.
5. FORTH arbeitet mit beliebiger Zahlenbasis; eine Ein- und Ausgabe im Dual-Dezimal- oder Hexadezimalsystem ist durch Ändern der Variablen {BASE} jederzeit möglich.
6. Wenn ein Programm nicht über 16 Zeilen zu bewältigen ist, muß am Ende der letzten Zeile der Befehl {→} stehen, dadurch wird der nächstfolgende Block automatisch mit geladen, bzw. mitkompiliert.

Zum Kompilieren wird dann die erste Blocknummer, gefolgt von {LOAD} eingegeben:

23 LOAD

hieße also:

screen 23 wird kompiliert und der Vorgang beendet, wenn der letzte Befehl nicht {→} lautet. Zu beachten ist, daß {→} im Direktmodus eingegeben wird und nicht kompiliert, sondern sofort ausgeführt wird. Die wahlweise Mischung von Direktbefehlen und Doppelpunktdefinitionen erlaubt z. B. die Darstellung von Informationen für den Benutzer während des Ladevorgangs. Um sicher zu gehen, daß der Kompiliervorgang an einer bestimmten Stelle abgebrochen wird, kann an dieser Stelle auf dem Screen der Befehl {;S} eingefügt werden. Die gleiche Wirkung hat {EXIT}. Der Unterschied besteht darin, daß {EXIT} kompiliert werden muß, also innerhalb von Doppelpunktdefinitionen verwandt wird, während {;S} ein unmittelbarer Befehl ist. {EXIT} darf nicht in einem {DO} – {LOOP} benutzt werden.

Wer die Befehlsstruktur des Editors kennt, kann im Grunde schon programmieren. FORTH wird ‚von oben nach unten‘ programmiert, d. h. zuerst wird das Ziel festgelegt und dann rückwärts gearbeitet, um die Unterprogramme zu erstellen, die das Ergebnis ausmachen. Als Beispiel soll nach dieser Methode ein Sportwagen an Hand seiner Eigenschaften definiert werden:

- Schnell
- Klein
- Gute Straßenlage
- Schnittige Form

Diese Angaben sagen noch nichts darüber aus, wie der Sportwagen zu bauen ist. Deswegen soll die Eigenschaft ‚schnell' näher definiert werden:

– Starker Motor
– Hohes Drehmoment
– Niedriges Gewicht
– Hochgeschwindigkeitsreifen
– Kraftstoffeinspritzung
– Gute Aerodynamik.

Auch daraus läßt sich noch kein Sportwagen konstruieren, also muß weiter spezifiziert werden. Niedriges Gewicht z. B.

– Fahrzeugteile aus Leichtmetall
– Verzicht auf überflüssigen Zierrat
– Verwendung von Kunststoff im Innern
– Ersatz der Scheiben durch Leichtgläser.

Das langt immer noch nicht, deshalb wird weiter unterteilt. Die Fahrzeugteile:

– Türen aus zwei Teilen
– Motorhaube aus einem Stück
– Verwendung von Sicken statt Metallverstärkungen an den Blechen, und so weiter.

Die Prozedur kann beliebig fortgesetzt werden und endet mit einer Stückliste und einer Anweisung, wie die Einzelteile zu einem Sportwagen zusammengebaut werden.

So funktioniert die Programmierung in FORTH. Ein Textverarbeitungsprogramm z. B. muß folgende Operationen ermöglichen:

Einfügen von Textstellen
Verändern von Textstellen
Weglassen von Textstellen.

Jede dieser Definitionen kann nun in Unterdefinitionen aufgeteilt werden, bis die Stückliste und die Bauanleitung vorliegen.

Anfänger gehen oft den umgekehrten Weg, fangen unten mit der Erstellung der Subroutinen an, und konstruieren im besten Fall ein unübersichtliches und im schlechtesten Fall ein nicht laufendes Programm.

Da FORTH sehr nahe an der Maschinenebene arbeitet, verfügt die Sprache im Gegensatz zu den höheren Programmiersprachen nur über grundsätzliche Routinen. Das Grundgerüst für die Programmierung muß selbst erstellt werden. Deshalb ist es so wichtig, daß bei der Konzeption des Programms „von oben nach unten" gearbeitet wird, um alle Grundbausteine zu erfassen, die später dann benötigt werden.

Die Programmierung verläuft also genau umgekehrt zur Planung. Dies ist kein Widerspruch. Im Gegensatz zu BASIC und Pascal, wo dem Programmierer die Einzelteile zum Hausbau fertig vorgegeben werden, muß er in FORTH diese Teile selbst fertigen. Das hat natürlich den Vorteil, daß er nicht auf angebotene „Formen und Farben" beschränkt ist, sondern sie genau nach Maß herstellen kann.

Wir wollen dieses wichtige Kapitel noch einmal kurz zusammenfassen:

- Doppelpunktdefinitionen können in Screens (Blöcken) abgespeichert werden.
- Kommentare werden in Klammern eingeschlossen und bleiben unkompiliert. Dadurch können sie an beliebiger Stelle auf dem Screen stehen (auch innerhalb von Doppelpunktdefinitionen).
- Die erste Zeile jedes Blocks sollte immer einen erklärenden Kommentar enthalten.

  Einige FORTH-Wörter manipulieren die Screens:
- {INDEX} zeigt die jeweils erste Zeile mehrerer screens gleichzeitig an.
- {→} verbindet aufeinanderfolgende screens.
- {LOAD} lädt einen oder eine Reihe von verbundenen screens.
- {;S} beendet Ladevorgang und Kompilierung.
- Die Programmierung „von oben nach unten" wurde vorgestellt.

12
Zum Abschluß

Irgendwann hat jeder Mensch einmal sprechen gelernt, und zwar nach einer sehr mühsamen Methode. Vielen geht es wieder so, wenn sie anfangen, sich mit FORTH zu beschäftigen.

Die Frage ist nur: Ist es die Mühe wert? Die Antwort muß jeder für sich geben. Doch denken Sie an die Vorteile:

- Erstens, ist FORTH sehr effektiv. Es hat nur geringen Speicherbedarf verglichen mit anderen Sprachen.
- Zweitens, wird FORTH mit zunehmender Gewöhnung immer einfacher. Der Grund dafür ist, daß zuerst einmal die Basisroutinen geschaffen werden müssen, die später immer wieder eingesetzt werden können.
- Drittens, können FORTH-Programme immer verbessert werden. Wer einmal die Beschränkungen seines Computers verstanden hat, findet immer einen Weg diese zu umgehen. FORTH-Programme können fast immer schneller, vielseitiger und weniger störanfällig gemacht werden.
- Viertens, ist FORTH eine der wenigen Programmiersprachen, die auf ganz unterschiedlichen Mikroprozessoren läuft; denn die Übertraggung eines FORTH-Programms auf unterschiedliche Computersysteme ist leicht.
- Fünftens, ist FORTH ausbaubar. Die Befehle können jederzeit umdefiniert werden. Wem {!} zu wenig aussagekräftig ist, kann jederzeit

```
: STORE ! ;
```

neu definieren.

Die Neudefinition aller FORTH-Befehle würde die Arbeitsgeschwindigkeit zwar vermindern, aber gegenüber BASIC wäre FORTH immer noch um einiges schneller. Außerdem können geschickte Programmierer die Befehle umdefinieren, ohne an Geschwindigkeit zu verlieren.

Entscheiden Sie sich! Zuerst mag alles sehr verwirrend sein, aber wenn Sie sich die Zeit nehmen, lernen Sie die Sprache bestimmt schätzen.

Anhang A

Ein Sprachstandard ist die Zusammenfassung einer Sprache in exakten Definitionen. Leider wirkt sich diese Exaktheit für den Anfänger oft mehr erschwerend als hilfreich aus. Deshalb wurden die meisten Definitionen in diesem Glossar neu umschrieben, um sie verständlicher zu machen, ohne die technischen Details zu verändern.

Folgende Konventionen gelten für dieses Glossar als vereinbart:

Adresse	**= Speicheradresse**
Flag	**= Boolescher Flag**
n	**= 15-bit Zahl mit Vorzeichen**
un	**= 16-bit Zahl ohne Vorzeichen**
d	**= 32-bit Zahl mit Vorzeichen**
ud	**= 32-bit Zahl ohne Vorzeichen**
Name	**= frei wählbarer Name für Variablen o. ä.**
Text	**= frei wählbarer Text**

Außerdem wird bei der hier verwendeten Symbolschrift der Stapel von links nach rechts dargestellt, d. h. der TOS steht rechts.

!　　n Adresse!

speichert die Zahl n auf dem unter Adresse angegebenen Platz ab.

'　　' Name Adresse

schreibt die Adresse von Name auf den TOS.

(　　(TEXT)

Mit diesem Befehl beginnt ein FORTH-Kommentar, der erst mit einer rechten Klammer abgeschlossen wird. Zwischen (und dem Text muß ein Leerzeichen stehen.

*****

Multiplikationszeichen

+

Additionszeichen

+!   n Adresse +!

addiert n zu dem auf Adresse gespeicherten Wert.

+LOOP   n +LOOP

addiert n zur Laufvariablen einer Schleife und vergleicht mit den Grenzwerten. Innerhalb der Grenzen wird zur zugehörigen DO-Anweisung gesprungen, im anderen Fall wird die Schleife beendet und die Laufvariable gelöscht.

–

Subtraktionszeichen

,   n ,

weist dem zu definierenden Wort zwei Bytes zu und speichert dort die angegebene Zahl ab.

.   n .

Print-Befehl für einfache Zahlen.

."   ." Text "

Print-Befehl für Text. Hinter ." muß auf jeden Fall ein Leerzeichen folgen.

:

Beginn einer Doppelpunkt- oder Colondefinition.

;

Ende einer Doppelpunktdefinition.

/

Divisionszeichen

/MOD   n1 n2 /MOD

teilt n1 durch n2 und legt den Teilungsrest als 2OS und den Quotienten als TOS ab.

0<   n 0<

(kleiner als Null), BOOLEscher Flag; wird gesetzt wenn die logische Operation ‚wahr' ist, ansonsten wird der TOS auf Null gesetzt.

0=   n 0=

(gleich Null), BOOLE'scher Flag; s. o.

0> **n 0>**

(größer als Null), BOOLEscher Flag; s. o.

1+

inkrementiert um 1 (zählt 1 dazu)

1–

dekrementiert um 1 (zählt 1 ab)

2+

inkrementiert um 2

2–

dekrementiert um 2

79-STANDARD

Erscheint bei der Ausführung dieses Befehls keine Fehlermeldung, dann steht der Standardwortschatz zur Verfügung.

<

(kleiner als), BOOLEscher Flag; s. o.

<# **< # # #s HOLD SIGN #>**

startet die Zeichenausgabe von ASCII-Werten. Die Befehlsfolge < # # #s HOLD SIGN #> bewirkt die Umwandlung einer 32-bit (4 Byte) Zahl in vier ASCII-Zeichen.

= **n1 n2 =**

(ist gleich), BOOLEscher Flag; s. o.

> **n1 n2>**

(größer als), BOOLEscher Flag; s. o.

>IN

schreibt die Adresse einer Variablen auf den Stapel, deren Wert am IN/OUT-Port anliegt.

>R **n >R**

schreibt die Zahl n auf den Rückkehrstapel. Jeder Befehl >R muß innerhalb derselben Doppelpunktdefinition durch einen Befehl R> ausgeglichen werden.

? Adresse ?

gibt die Zahl an, die auf Adresse abgespeichert ist.

?DUP

kopiert den TOS und schreibt die Zahl als neuen TOS nieder, wenn sie ungleich Null ist. Andernfalls bleibt der Stapel unverändert.

@ Adresse @ oder Name @

legt den unter Adresse oder auf Name gespeicherten Wert als TOS ab.

ABORT

löscht Daten und Rückkehrstapel.

ABS n ABS

wandelt eine Zahl in ihren Absolutwert um.

ALLOT n ALLOT

fügt dem Parameterfeld des letzten Eintrages n Bytes zu.

AND n1 n2 AND

Bitweiser logischer Vergleich von n1 und n2. Das Ergebnis wird auf TOS abgelegt.

BASE

nennt die Variablenadresse, auf der die augenblickliche Zahlenbasis steht.

BEGIN

Schleifenbefehl, der nur innerhalb von Doppelpunktdefinitionen benutzt werden kann. Steht in Verbindung mit AGAIN, UNTIL oder WHILE – REPEAT.

BLK

setzt die Variablenadresse, auf der die Nummer des aktuellen Massenspeicherblocks steht, auf TOS.

BUFFER

kennzeichnet den nächsten Speicherpuffer als Block n, ohne ihn vom Massenspeicher einzulesen.

C

Vor einen anderen Befehl gestellt bedeutet C, daß statt der nächsten beiden nur das nächste Byte behandelt wird.

COMPILE

kopiert die 16-bit Zahl, die der Kompilierungsadresse folgt in den Wortschatz.

CONSTANT **n CONSTANT Name**

definiert eine Konstante namens Name mit dem Wert n. Wann immer der Name später aufgerufen wird, erscheint n auf dem TOS.

CONTEXT

sucht die Variablenadresse des Wortschatzes, in dem nach entsprechenden Wörtern gesucht wird.

CR

Zeilenabschluß

CREATE **CREATE Name**

erzeugt einen Worteintrag ohne einen Speicherbereich für das Parameterfeld zuzuweisen.

CURRENT

gibt die Variablenadresse aus, unter der der aktuelle Wortschatz zu finden ist.

D

Vor einen anderen Befehl gestellt, behandelt D statt der nächsten zwei Bytes die nächsten vier.

DECIMAL

ändert die Zahlenbasis auf den Wert 10.

DEPTH

schreibt die Anzahl der Stapelelemente vor Ausführung von DEPTH auf den TOS.

DO **n1 n2 DO**

startet eine indizierte Schleife ab n2, die beendet wird, wenn die Laufvariable den Wert n1 erreicht. Kann nur in Cólondefinitionen eingesetzt werden.

DROP

eliminiert den TOS.

DUP

kopiert den TOS, so daß der entsprechende Wert dann auf TOS und 2OS steht.

ELSE

siehe unter IF.

EMIT

gibt ein ASCII-Zeichen aus.

EMPTY-BUFFERS

kennzeichnet alle Puffer als leer und zur Wiederverwendung bereit ohne ihren Inhalt tatsächlich zu löschen.

EXECUTE

führt den Befehl sofort aus, dessen Kompilieradresse auf dem TOS steht.

EXIT

wird innerhalb von Colondefinitionen zur Beendigung der Ausführung benutzt, jedoch nicht in indizierten Schleifen (DO-LOOPs).

EXPECT **Adresse n EXPECT**

überträgt eine Zeichenkette der Länge n von der Eingabe direkt in den Speicher. Die Zeichenkette wird außerdem auch durch den Befehl <**CR**> beendet.

FILL **Adresse n Byte FILL**

schreibt ein beliebiges Byte n-mal ab. Adresse in den Speicher.

FIND **FIND Name**

setzt die Adresse des nächsten Befehls auf den TOS. Wird der Name nicht gefunden, erscheint eine Null auf dem Stapel.

FORGET **FORGET Name**

löscht alle Worteinträge auf dem Stapel, bis einschließlich Name.

FORTH

ist der Name des Grundwortschatzes.

HERE

schreibt die Adresse des nächsten Worteintrages auf den TOS.

HOLD

fügt ein ASCII-Zeichen in einen String ein. Kann nur zwischen < und > verwendet werden.

I

enthält den Wert der Laufvariablen der äußersten Schleife. Kann nur innerhalb einer indizierten Schleife (DO-LOOP) verwendet werden.

IF   **Flag IF ... ELSE ... THEN**

Bedingte Sprunganweisung. Die Anweisung nach IF wird ausgeführt, wenn Flag ‚wahr' ist, anderenfalls kommt die Anweisung nach ELSE zur Ausführung. Wenn nur eine Anweisung gegeben werden soll, kann ELSE wegfallen.

IMMEDIATE

kennzeichnet den letzten Worteintrag innerhalb einer Colondefinition. Dadurch wird der Befehl nicht kompiliert, sondern direkt ausgeführt.

J

führt den Laufvariablenwert der zweitäußeren Schleife. Kann nur in verschachtelten Schleifen benutzt werden.

KEY

schreibt den ASCII-Wert des nächsten eingegebenen Zeichens auf den Stapel.

LEAVE

erzeugt einen vorzeitigen Aussprung aus einem DO-LOOP durch Erniedrigen des Schleifengrenzwertes auf den momentanen Indexwert.

LIST   **n LIST**

gibt den Inhalt des screen n als ASCII-Zeichen wieder und setzt die Variable SCR auf n.

LITERAL   **n LITERAL**

fügt n in eine Definition ein, so daß bei Ausführung n später auf dem Stapel erscheint.

LOAD n LOAD

lädt screen n.

LOOP

erhöht den Indexzähler um 1 und beendet die Schleife, wenn der neue Indexwert den Grenzwert erreicht hat.

MAX n1 n2 MAX

legt die größere von beiden Zahlen als neuen TOS ab.

MIN n1 n2 MIN

legt die kleinere Zahl als neuen TOS ab.

MOD n1 n2 MOD

teilt n1 durch n2 und schreibt den ganzzahligen Rest mit dem gleichen Vorzeichen wie n1 auf den TOS.

MOVE Adresse1 Adresse2 n MOVE

verschiebt n 16-bit Speicherelemente ab Adresse1 auf neue Speicherplätze ab Adresse2. Für n=0 bleibt der Befehl wirkungslos.

NEGATE n NEGATE

schreibt das Zweier-Komplement von n auf den TOS.

NOT Flag NOT

Revertiert den auf TOS stehenden Flag. Die Wirkung entspricht der von 0=.

OR n1 n2 OR

führt einen bitweisen ODER-Vergleich zwischen n1 und n2 durch und schreibt das Ergebnis auf den Stapel.

OVER n1 n2 OVER

kopiert das zweite Element des Stapels und legt die Kopie als neuen TOS ab. n1 und n2 werden dadurch nicht vom Stapel entfernt.

PICK n1 PICK

kopiert das n-te Element des Stapels auf den TOS.

QUERY

nimmt bis zu 80 Zeichen an, die in einem Input-Puffer abgelegt und mit WORD wieder abgerufen werden können. <**CR**> terminiert die Zeicheneingabe vorzeitig.

QUIT

löscht den Rückkehrstapel, setzt den Durchführungsmodus und übergibt ohne OK-Meldung an das Terminal.

R>

überführt einen Wert vom Rückkehrstapel zum Datenstapel.

R@

kopiert den TOS des Rückkehrstapels auf den Datenstapel.

REPEAT

wird zusammen mit BEGIN in einer Colondefinition als nicht indizierte Schleifenanweisung verwendet.

ROLL n ROLL

verschiebt das n-te Stapelelement auf den TOS und bewegt die übrigen entsprechend nach unten.

ROT n1 n2 n3 ROT

schiebt das dritte Stapelelement auf den TOS, das zweite auf 3OS und das oberste auf 2OS.

SAVE-BUFFERS

speichert alle mit UPDATE gekennzeichneten Blöcke auf Massenspeicher ab.

SCR

legt die Adresse des zuletzt benutzten screens auf dem Stapel ab.

SIGN n SIGN

setzt in einen Ausgabe-String ein Minuszeichen ein, wenn n negativ ist.

SPACE

gibt ein Leerzeichen aus.

SWAP n1 n2 SWAP

vertauscht TOS und 2OS miteinander.

THEN

siehe unter IF.

TYPE **Adresse n TYPE**

liest n Zeichen aus dem Speicher ab Adresse auf die Ausgabeeinheit aus.

U

kennzeichnet Operationen mit Zahlen ohne Vorzeichen.

UNTIL **Flag UNTIL**

wird zusammen mit BEGIN in einer nicht indizierten Schleife benutzt. Wenn Flag ‚wahr' ist wird die Schleife beendet.

UPDATE

siehe SAVE-BUFFERS.

VARIABLE **VARIABLE Name**

definiert eine Variable.

WHILE

beendet eine BEGIN-Schleife, wenn Flag ‚falsch' ist.

WORD

siehe unter QUERY.

XOR **n1 n2 XOR**

führt einen bitweisen Exklusiv-Oder-Vergleich zwischen n1 und n2 durch und schreibt das Ergebnis auf TOS.

COMPILE

erzwingt die Kompilierung eines unmittelbaren Befehls, der sonst während des Kompilierens direkt ausgeführt worden wäre.

Anhang B

ASCII-Zeichencodes

Code	Zeichen	Code	Zeichen	Code	Zeichen	Code	Zeichen
0	^@	32	Space	64	@	96	`
1	^A	33	!	65	A	97	a
2	^B	34	"	66	B	98	b
3	^C	35	#	67	C	99	c
4	^D	36	$	68	D	100	d
5	^E	37	%	69	E	101	e
6	^F	38	&	70	F	102	f
7	^G	39	'	71	G	103	g
8	^H	40	(	72	H	104	h
9	^I	41	)	73	I	105	i
10	^J	42	*	74	J	106	j
11	^K	43	+	75	K	107	k
12	^L	44	,	76	L	108	l
13	^M	45	-	77	M	109	m
14	^N	46	.	78	N	110	n
15	^O	47	/	79	O	111	o
16	^P	48	0	80	P	112	p
17	^Q	49	1	81	Q	113	q
18	^R	50	2	82	R	114	r
19	^S	51	3	83	S	115	s
20	^T	52	4	84	T	116	t
21	^U	53	5	85	U	117	u
22	^V	54	6	86	V	118	v
23	^W	55	7	87	W	119	w
24	^X	56	8	88	X	120	x
25	^Y	57	9	89	Y	121	y
26	^Z	58	:	90	Z	122	z
27	Escape	59	;	91	[	123	{
28	FS	60	<	92	\	124	|
29	GS	61	=	93	]	125	}
30	RS	62	>	94	^	126	~
31	US	63	?	95	<--	127	DEL

Anhang C

Fehlermeldungen

0	??? FORTH Version 1-1
1	The stack is empty.
2	The dictionary is full
3	has incorrect address mode.
4	isn't unique
5	
6	Illegal block number requested.
7	The stack is full.
8	
9	
10	
11	
12	CP/M Error — Seek to unwritten extent.
13	CP/M Error — Directory overflow.
14	CP/M Error — Seek past physical end of disk.
15	
16	Second System Message Screen
17	is legal only within a colon definition.
18	is not legal within a colon definition.
19	The expression contains unpaired conditionals.
20	The definition has not been finished.
21	is within the protected dictionary.
22	should only be used while loading.
23	Off current editing screen.
24	Please declare a vocabulary.
25	The current file is closed. Please OPEN a file.
26	Binary Data — Cannot be displayed directly.
27	JanFebMarAprMayJunJulAugSepOctNovDecMonTueWedThuFriSatSun
28	
29	
30	
31	

Sachwortverzeichnis

Sachwortverzeichnis